在人群里演喜剧

人际关系全程攻略

朱 江◎著

企业管理出版社
ENTERPRISE MANAGEMENT PUBLISHING HOUSE

图书在版编目（CIP）数据

在人群里演喜剧：人际关系全程攻略/朱江著. —北京：企业管理出版社，2011.12
ISBN 978-7-80255-958-5

Ⅰ.①在… Ⅱ.①朱… Ⅲ.①人际关系学-通俗读物 Ⅳ.①C912.1-49

中国版本图书馆 CIP 数据核字（2011）第 258494 号

书　　名：在人群里演喜剧——人际关系全程攻略
作　　者：朱　江
选题策划：刘　刚
责任编辑：王玉春
书　　号：ISBN 978-7-80255-958-5
出版发行：企业管理出版社
地　　址：北京市海淀区紫竹院南路 17 号　邮编：100048
网　　址：http://www.emph.cn
电　　话：总编室（010）68420309　发行部（010）68701638
编辑部（010）68701074
电子信箱：emph003@sina.cn
印　　刷：三河市南阳印刷有限公司
经　　销：新华书店
规　　格：170 毫米×240 毫米　16 开本　14 印张　200 千字
版　　次：2012 年 2 月第 1 版　2012 年 2 月第 1 次印刷
定　　价：29.80 元

序言

不管人类社会多么不尽人意，人也决不可能孤独的生存，我们需要人群。当然，更重要的，需要在人群里好好生活。

——丹尼尔·笛福

英国作家丹尼尔·笛福在《鲁滨逊漂流记》里留给我们的这句话，朴实无华，道理却很深刻。因为，人们聚在一起生活不是相互强迫的，是天性。尽管人人都渴望自由，尽管我们的生活环境没有向往中那么美好，但是，却没有几个人愿意到荒无人烟的地方去生活，哪怕那里衣食无忧、繁花似锦。

我们需要在人群里好好生活，需要与身边的人一起好好生活，这才是人的生活。

记得有人说过，“如果你想要美好的明天，一定是和别人共同拥有的。”我很认同，因为你不是独自一人在生活，别人的明天是阳光灿烂抑或狂风暴雨，你的明天也是如此。不过，还需要补充一下，你的现在怎么样，也与其他人密切相关。因为，你要想开开心心地活在当下，你的身边一定要有几张笑脸，而不能是一张张冷漠的脸。

人生就是这样。你生活在人群中，与身边一些人之间的关系如何，他们对你的态度如何，直接影响你的心情，影响你的生活，甚至影响你的健康和安全。在自己生活的人群里面，与身边的人总能和和美美地相处、开开心心的交往、顺顺当当地协作，那么，这个人的一生就很成功。反之，不能与身边的人和谐友好地相处，生活中经常会感到孤独、寂寞、郁闷伤心，无论其他方面如何，这个人的一生也很失败。因为，生命的本质在于追求快乐，失去了和谐的人际关系就不会拥有快乐。

这不是谁家的理论，是人性使然，谁都无法改变。面对冷若冰霜的面孔，不会有真正的开心；面对带着敌意的眼神，轻松自在只是表面；说几句话就像吵架，赢了也没有发自内心的笑；如果身边的人不是冷若冰霜就是恶言相向，再多的钱财也买不到内心的欢笑。因此，“天时不如地利，地利不如人和”、“家和万事兴”、“和为贵”。

请记住，你不是独自漂流在荒岛上的鲁滨逊，你的身边有其他关爱你的人。你需要他们，需要在人群里好好生活，需要拉着他们一起演绎你的人生喜剧，这样才能拥有真正的快乐——做人的快乐。

目 录
CONTENTS

第一章　人生不是独角戏

人生就是戏，人人都是自己的主角兼别人的配角，大家共同演绎一幕幕人间悲喜剧。

人生就是戏，演不完的戏，有的时候悲，有的时候喜，演戏的人儿最呀最稀奇……人生就是戏，看不完的戏，有的时候爱，有的时候气，看戏的人儿个个是戏迷……

一曲《人生就是戏》形象地描绘出人生的本色。

确实，人间是个大舞台，每个人都是一个本色演员，是自己人生大戏的主角。在不同的时间、不同的空间，扮演不同的角色，演绎自己的人生经历，有喜有悲，有笑有哭，有动有静。当然，与舞台上演出的戏剧有相似的地方，也有不同的地方。其最大的不同就是，每个人的人生大戏都是独一无二的，有多少人就有多少种人生大戏，没有完全相同的。而且，每一幕都是现场直播，没有彩排没有重来，没有剪辑没有修补。

不过，人世间上演的人生大戏与舞台上演出的戏剧有分类上的相似：一些人的戏里充满悲伤的哭啼，还有很多孤独寂寞、纠结郁闷、打打闹闹的场景，属于悲剧；一些人的戏里经常是喜笑颜开、高朋满座，身边充满亲切的笑脸和关怀的声音，属于喜剧；也有一些人的戏总是平平淡淡，每一幕场景都枯燥无味，属于拖延时间的肥皂剧。

尽管都是人生大戏，但是，悲剧与喜剧完全不同，有滋有味的与枯燥无味的完全不同。热爱生活的人们就应该力争表演一出有滋有味、充满喜剧色彩的人生大戏，既让观众开心，更能给自己带来欢乐。不要演一幕幕平淡无味的肥皂剧，更不要去演一出充满悲剧色彩的人生苦戏，自己愁眉苦脸、泪满衣襟，还让亲朋好友叹息不已，同时招来一些人的批评攻击、冷嘲热讽。

怎样才能让自己的人生大戏多一些喜剧、少一些悲剧？

演员登台演出之前，要排练、彩排，要熟悉自己的舞台，这样才能避免表演的时候出错。人生大戏没有排练，都是现场直播，而且是自编、自导、自演。但是，即使早已登台了、开演了，还是应该好好看清楚自己演绎人生大戏的舞台。这样就能明白自己应该怎样做，才能使自己的人生大戏少出错，多一些喜剧、少一些悲剧。

切记，看清楚自己的人生舞台非常重要。

舞台不空旷，配角有很多

人生一世，就好比是一次搭车旅行。旅行途中要经历无数次上车、下车，时常有事故发生。有时是意外惊喜，有时却是刻骨铭心的悲伤。

降生人世，我们就坐上了生命的列车。我们以为，我们最先见到的两个人——我们的父母，会在人生的旅途中一直陪伴着我们。很遗憾，事实并非如此。他们会在某个车站下车。留下我们孤独无助。他们的爱，他们的情，他们不可替代的陪伴，再也无从寻找。

尽管如此，还会有其他人上车，他们当中的一些人，将对我们有着特殊的意义。他们之中有我们的兄弟姐妹，有我们的亲朋好友。我们还将会体验千古不朽的爱情故事。

坐同一班车的人当中，有的轻松，有的却带着深深的悲哀……还有的，在列车上四处奔忙，随时准备帮助有需要的人……很多人下车后，其他旅客对他们的回忆历久弥新……但是，也有一些人，当他们离开座位时，却没有人察觉。

有时候，对你来说情深义重的旅伴却坐到了另一节车厢。你只得远离他，继续你的旅程。当然，在旅途中，你也可以摇摇晃晃地穿过自己的车厢，到别的车厢去找他……可惜，你再也无法坐到他身旁，因为这个位置，已经让别人给占了。

没关系，旅途中充满挑战、梦想、希望、离别……就是不能回头。因此，尽量使旅途愉快吧！善待旅途上遇见的所有旅客，找出人们身上的闪光点。

永远记住：在某一段旅程中，有人会犹豫彷徨，因为我们自己也会犹豫彷徨；我们要理解他人，因为我们也需要他人的理解。

生命之谜就是：我们将在什么地方下车？坐在身旁的伴侣，会在什么地方下车？我们的朋友，在什么地方下车？我们无从知晓。我时常这样想：到我该下车的时候，我会留恋吗？我想我还是会的。和我的朋友分离，我会痛苦。让我的孩子孤独地前行，我会悲伤。我执著地希望，在我们大家都要到达的那个终点站，我们还会相聚。

我的孩子上车时没有什么行李，如果我能在他们的行囊中留下美好的回忆，我会感到幸福。

我下车后，和我同行的旅客都还能记得我、想念我，我将感到快慰。

献给你，我生命列车上的同行者：祝你，旅途愉快！

打开朋友发来的《生命列车》演示文件，悠扬的一曲“罗密欧与朱丽叶”钢琴曲，一幅幅美轮美奂的照片牵出上面这一段段动人的美文，令我很受感动。

“人生一世，就像是一次搭乘生命列车的旅行。”这个比喻很形象、很贴切。只要不是匆匆忙忙地上来一小会儿就下车，总是会与一些人相伴而行一段时间、一段旅程。少数人之间有特殊的情义，相依相伴、一路同行，风雨无阻、不离不弃，父母、子女、兄弟姐妹、夫妻，等等，就是这类人。多数人只是在某个站上车后相伴一小段旅程，然后因为某个人下车而分开，同学、同事、邻居、战友、情侣，等等，就是这类人。还有很多人像坐在远处座位上的同路人，只是有意无意地看到过，或是简单地点点头就擦肩而过，在会场、车厢、商场、酒吧、餐馆、街道、旅游景点等地方偶然相遇和短暂交往的人，就是这类人。

其实，不管是风雨无阻地一路同行，还是短暂相伴，抑或是擦肩而过，都是一段缘分。缘分无处不在，身边总有一些人陪伴。可见，每个人的人生大戏的舞台上都不只是主角一人，还有很多的配角。当然，这个主角在演绎自己的人生大戏的同时，也是其他很多人的配角，陪伴身边的人们演绎他们的人生大戏。

不过，自己身边为什么会出现这些人？缘分究竟是什么？很难说清。一则佛家寓言故事给了世人一个启示。

很久以前，有一个人经常听人说道缘分，虽然略知一二，还是很朦胧，他想弄明白缘分究竟是什么。于是就去问附近的一个隐士：“什么是缘分?”

隐士想了一会儿，说道：“缘是命，命是缘。”

听到这样的回答，这个人还是一塌糊涂，就去问寺庙里的一个高僧。

高僧回答说：“缘是前生的修炼。”

这个人想了很久，还是不知道自己的前生如何，前生的修炼自然更不明白，只好跑去问佛祖。

佛祖不语，用手指向天边的云彩。这个人顺着佛祖的手指抬眼看去，只见天边云起云落，随风而去，一会儿向东一会儿向西。

于是，这个人顿悟：缘不可求的，缘如风，风不定。

由此可见，缘分究竟是天注定的，还是个人自己寻求的；是向东，还是向西，很难说清。只是缘分到了，就相遇相聚；缘分走了，就四散分离。

缘分说不清道不明，没有关系，只是我们要明白，人生大戏的舞台不空旷，人世间里的任何一个人都在公共的大舞台上演绎自己的戏，不是自己一个人在演独角戏，还有很多配角陪伴自己。同时，自己也在陪伴身边的人演着他们的人生大戏。无论是喜剧还是悲剧，都是与身边的一些人一起演绎，我们每一个人都是人群里的主角或配角。

人间心语

人生不是独角戏，身边的人都是自己的配角。同时，自己也是他们的配角。无论是喜剧还是悲剧，都是与身边的一些人一起演绎，我们每一个人都是在人群里演戏。

悲喜有根源，和为贵

“和为贵”，中华文化的一个核心要义，很精简，很朴实，很重要，堪称人生的真谛。因为人是感性动物，渴望生活在和谐友好的环境、一个充满笑脸的空间，不愿意面对一张张冷漠的脸。要在人间开心地生活，就要懂得“和”的重要性。

其实，“和为贵”的理念绝非我们中国人独有，西方社会也认同这个道理。

天堂、地狱是人们怀着梦想和恐惧想象出来的生活环境。天堂，是人人都开心的乐园，充满了人们向往的光明与美好；地狱，是人人都恐惧的空间，充满了人们厌恶的丑恶与黑暗。不过，天堂、地狱究竟是什么样的，没有标准，只有一些寓言故事来描述它们。

一位好于行善的基督徒死后想看看天堂与地狱究竟有何差异，于是天使就先带他到地狱去参观。

到了地狱，在他们面前出现一张很大的餐桌，桌上摆满了丰盛的佳肴。“地狱的生活看起来还不错嘛。”基督徒说。

“不用急，你再继续看下去。”天使回答。

过了一会儿，用餐的时间到了，只见一群瘦骨如柴的饿鬼鱼贯地入座。每个人手上都拿着一把长十几尺的勺子，可是由于勺子实在是太长了，每个人都舀得到，却很难吃到嘴里。而且，因为各顾各，勺子经常碰撞，经常发生争吵，美味佳肴洒得到处都是。大家都很郁闷、很气愤。

“你真觉得很不错吗？我再带你到天堂看看。”天使说。

到了天堂，一眼看到的是相似的情景。同样的大餐桌，满桌的丰盛佳肴，桌边的每个人同样用一把十几尺的长勺子。不同的是，他们舀起食物后不是想办法自己吃，而是喂给对面的人吃，对方也如此。而且，大家都注意照顾别人，勺子很少发生碰撞，很少争吵。因此，每个人都吃得很好，过得很开心。

“我明白了，还是天堂好。”基督徒说。

这是一个很经典的寓言故事，它描述了天堂与地狱的根本不同。故事中的天堂与地狱里的物质条件本没有差别，差别在于生活在其中的人彼此之间的关系和氛围。地狱里面的饿鬼是各顾各，彼此之间经常碰撞，经常发生争斗，里面乱糟糟的，饿鬼们也都是气呼呼的，眼睛里充满怨恨。天堂里面的天使，都是互相关爱、互相帮助，因此里面很轻松、很祥和，每个人都吃得很好，每个人的脸上都是快乐的笑容。

这个经典的西方寓言故事告诉我们，西方人心目中的喜剧色彩浓郁的天堂，其最大的特征就是和谐快乐；而悲剧色彩浓郁的地狱，其最大的特征就是互相敌对，至少是冷漠地各顾各。

由此可见，西方人和我们中国人的感觉一样：推崇和为贵！

如果说，天堂和地狱离我们太远，那我们返回现实的人间依然能够看清楚，在人间生活，和为贵！

一个酒楼的一间包房里面，有一大桌精美的美味佳肴，几个人坐在一起吃饭。因为是生意上的事，有利益冲突，吃饭前争吵了一阵，几个人冷冷地坐在那里，各人顾各人，闷着头吃自己的。尽管东家经常开口说几句，客人们也会附和一下，笑一笑，说一说，与别人碰碰酒杯。但是，所有人几乎都是皮笑肉不笑，酒桌上的气氛总是不冷不热，没有人能痛痛快快地喝酒、吃菜，大家都想着尽快结束，早点离开。

不到一个半小时，宴席冷冷清清地结束了，很多菜都剩在盘子里。主人、客人都像被解放了一样，各松了一口气，一个接一个地迅速离开。

外面的大厅里，一桌普通的家常菜，几个人坐在一起。因为是老同学，也没有什么过节儿，几个人坐下后，笑声就没有停过。你一杯他一杯，为健康，为生意，为情义，不断地互相敬酒。谈论的话题更是海阔天空，过去的事、现在的事，工作的事、生活的事，没完没了。你一言我一语，热热闹闹。

快三个小时了，他们一个个酒足饭饱。饭后依依不舍地道别，而且已经约好了下次聚餐的时间、地点。

和，或是不和，就是这么不同。包房里的那一桌食客面对一大桌的美味佳肴和名贵好酒，吃得不开心，喝得不痛快，是真实的；大厅里的那一桌食客，面对一些家常菜和普通酒水，吃得很开心，喝得很痛快，也是真实的。

和为贵！这不是人们想出来的，不是刻意地追求，而是天生的本性。因为，人是感性的高等动物，需要一群人生活在一起，彼此之间互相影响。在失去和谐的冷漠空间，心灵感受不到灿烂的阳光和滋润的雨露，会很空虚、不安、别扭，不知所措，甚至会充满恐惧，很悲剧，比一个人的孤独更难受，没有人愿意待在地狱般的生活空间。

因此，无论是东方人还是西方人，都推崇和谐。因为大家都是有情感的人，都有相同的感受，无须精心点拨，无须谆谆教诲，每个人都有切身体会。大家都明白，与身边的人相处得如何，直接影响自己的心情，甚至影响身体的健康、生命的安全，没有人能够在充满冷漠和敌视的人群中心情轻松、开开心心。所以大家都推崇“和为贵”的理念，只不过会用不同的方法和语句来描述。

尤其是我们中华民族有着几千年的文明史，一直倡导和颂扬“和为贵”的理念。家和万事兴，天时不如地利，地利不如人和，和颜悦色，和蔼可亲，和风细雨，和和美美，都是我们熟悉的词句。还有和睦、和好、和解、和善、和悦、和缓，等等，倡导的都是“和为贵”的为人处世理念。这些理念能够流传数千年，深入各阶层民众的心灵，不是依靠说教，而是人们都有相同的体验，有共鸣。

人生喜剧的根源是和谐，人生悲剧的根源是不和！在人间生活，与身边各种各样的人结伴而行，与他们一起演绎自己的人生大戏，一定要明白这个真谛，和为贵！

人间心语

人生喜剧的根源是和谐，人生悲剧的根源是不和！

与身边的人相处得如何，直接影响自己的心情，甚至影响身体的健康、生命的安全，没有人能够在充满冷漠和敌视的人群中心情轻松、开开心心。

和谐有要求，需自律

谁都不是一座孤岛，自成一体；

每个人都是广袤大陆的一部分，都是无边大海的一部分，如果海浪冲刷掉一个土块，欧洲就少了一点；

如果一个海角，如果你朋友或你自己的庄园被冲掉，也是如此。

任何人的不幸都使我受到损失，因为我包孕在人类之中。

——[illegible]·唐恩

个人与社会是什么样的关系？应该怎样面对自己的生活空间？千言万语都说不清、道不尽。不过，16 世纪的英国诗人约翰·唐恩的这首诗说出了最重要的一点，即每个人都是社会的一个成员，不是一个孤立的人，人与人之间会互相影响。

确实如此，生活在人间的我们，都不是漂流在荒岛上的鲁滨逊，身边有各种各样的人，自己的生活直接受到他们的影响；同时，自己的一言一行也会对身边的人产生影响。因此，要与身边的人和谐相处，减少对他们的不良影响，就要学会自律，不可我行我素，不能随心所欲，不能旁若无人。

自律，就是注意并尊重身边的人，约束自己的言行，避免对他们造成干扰和伤害，保护缘分空间的和谐氛围。

自律很重要。能够自律，是人类胜过其他动物的主要强处，是人能够长期在一起和谐生活的根基。如果一个人不能自律，只管自己不管他人，只会陷入无休止的争斗和混乱之中，得不到生命中最需要的踏实、祥和及安全。

自律，堪称文明的第一体现。

自律有什么用，一个小故事便能够给我们以启示。

一个小山村中，一个十岁的小男孩学会骑自行车了，便一心想着享受飞驰的快乐。

一天，他推车上到一个陡坡的顶端，要从上往下冲。尽管知道坡道上坑坑洼洼的，坡底还有一个急转弯，父母曾多次叮咛他骑车时要小心，不要骑车冲下陡坡，实在想骑车下坡时，一定要捏着刹车慢慢滑，千万不要松开刹车。但是，当车子在坡道上渐渐加速、山风扑面而来时，小男孩的心情飞扬起来了。捏着刹车慢慢滑？我才不呢！带着激动的心情欢呼着，小男孩冲下了陡坡。

结果是悲剧！由于速度太快转不过弯，人和自行车都被甩到了路边的山坡上，浑身上下青一块紫一块的，且被树枝划得到处是血，腿上、手上蹭破了好几个地方，自行车的前轮也被撞得扭曲变形了。

不懂得自律，随意放纵自己，就会伤痕累累。面对大自然是这样，面对身边的人，也是这样。虽然人群里没有陡坡、山石、荆棘之类，但是，身边的每个人都有他们正常的需求、愿望，还有他们的担心和恐惧，需要你尊重、重视，因此，你不能我行我素、随意地放纵自己的言行。如果你不把别人放在眼里，只顾自己潇洒自在，想怎么样就怎么样，也许会得到一时之快，却会使身边的人别扭、痛苦，失去他们的友善，引发他们的反感、反击，给自己带来麻烦、痛苦，得不偿失。

作为一个人，你是自己人生大戏的编剧、导演、主角，有充分的自由，没有其他人约束你怎么演绎自己的人生大戏。但是，你一定要明白，人间是公共的大舞台，自由不等于我行我素。无论你多么与众不同、多么出类拔萃，你也是人类社会中的一个普通成员，不是独来独往的天马。要懂得自律，注意尊重和照顾身边的人，而不是旁若无人地我行我素，不能以天马行空、独来独往的姿态去生活。

这是在人间为人处世的基本要求，是演绎喜剧人生的基本素养。

可惜，很多人不明白这个要求，不懂得自律。“我的地盘我做主!”“我就喜欢!”“最讨厌受到别人的约束了!”“我只想活出自我!”……这类话经常出现。

因为不懂得自律，隔壁房间的人睡着了还在那里大呼小叫，半夜回宿舍时关门的声音把其他人都震醒了，脏兮兮的垃圾随地乱扔，臭烘烘的鞋子、袜子乱扔一气，用过了的锅碗瓢盆几天都不洗，不停地吸烟把身边的人呛得不断咳嗽，别人在吃饭自己就扫地，当着其他人的面与异性朋友亲热嬉戏，等等。很多人就是这样我行我素，以引起身边人的反感厌恶，使自己的形象掉价。有的还引发了矛盾冲突，给自己制造了麻烦和伤痛，增添了几幕人生的悲剧。

人间不是孤岛，人人休戚相关，在人群里生活要学会自律，不要漠视身边的人。即使你占用的是自己的床铺、桌椅之类的小空间，使用的是自己的电脑、手机之类的东西，花的是自己的钱，吃的是自己买的东西，扔的是自己的垃圾，也要注意身边的人，避免影响、伤害他们，不能随随便便、旁若无人地肆意妄为。要明白，我行我素的自由其实是自绝于社会的孤僻症，不是潇洒。

责任很重，压力很大，但要经常想到别人，要学会自律；反之，不知道为别人着想，固执任性地我行我素，则会招来别人对自己的反感、厌恶，会使自己的生活更麻烦、更艰难。即使你很厉害，可以强迫别人顺从你，但是，一旦和谐的氛围被破坏了，生活空间里面的轻松快乐肯定也溜走了，自己的心情也好不了。

须知，人间是个公共的大舞台，人生不是独角戏，你不可能游离于他人之外。要演绎喜剧人生，就要学会为别人着想，学会自律，不要犯自绝于社会的孤僻症。

人间心语

人间不是孤岛，人人休戚相关，言行相互影响，要学会自律，注意对身边人的影响。不能旁若无人，不能我行我素，不能以天马行空、独来独往的姿态去生活。这是演绎喜剧人生的基本素养。

缘分有价值，重在循环

有一种胜利叫撤退，有一种失败叫占领。

随着电视剧《潜伏》的热播，这句话给国人留下了深刻的印象，被广为传播。

当时的背景是，面对人数众多、武器精良的国民党军队的疯狂进攻，中共中央在毛泽东的领导下明确了一个战略原则：“存地失人，人地皆存；存人失地，人地皆失。”依据这个战略原则，制定了一个作战的战略方针，不计较一城一地的得失，以消灭敌人的有生力量为主要目标。为此，解放军主动放弃了一些地方，包括中央所在地延安，让国民党军队占领。

不过，就在解放军主动撤离延安、胡宗南率领的国民党军队占领延安之后，共产党军队和地方的很多干部、战士不理解这样的战略，感到很伤心，也有一些人情绪低落，对未来失去了信心。为了安抚军民之心、激励大家的斗志，中共中央很重视对大家的教育和动员，采取了很多行动。“有一种胜利叫撤退，有一种失败叫占领。”就是在这个时期出现并广为流传的，它驱散了许多人心里的阴云，使得广大军民像《潜伏》里的余则成那样清醒了，理解了，重新振作起来了。

“有一种胜利叫撤退，有一种失败叫占领。”战争时期，两军对垒对决是这样；和平时期，人与人之间的交往合作也是这样。与他人交往时，不计较眼前的一点得失，主动退让一点，是在人间生活的制胜良方。因为，这样才能使得自己的缘分空间充满祥和的彩云，使得交往合作步入良性循环，使得自己的缘分不断为自己创造新的价值。

道理很简单，人们都关注自己的得失。你每次交易时谦让一点、少赚一点，别人就愿意和你多次交易。每次有机会，首先就想到你。这样，你就有源源不断的机会。尽管每次收益少一点，积累起来的收益却很多，而且是在源源不断地增长着。

步入良性循环，价值就是这么巨大。被誉为商界超人的李嘉诚先生就是依托良性循环而制胜的典范。

"有钱大家赚，利润大家分享，这样才有人愿意与自己合作。假如拿10%的股份是公正的，拿11%也可以，但是如果只拿9%的股份，就会财源滚滚来。"

"顾及对方的利益是最重要的，不能把目光仅仅局限在自己的利上，两者是相辅相成的，自己舍得让利，让对方得利，最终还是会给自己带来较大的利益。占小便宜的不会有朋友。"

李嘉诚先生的这两句话告诉我们，缘分的价值重在良性循环，而不是恶性循环。与身边的人交往合作，少占一点眼前的利益，就是保护自己的缘分，就会得到他人的信任和好感，有利的机会就会不断出现，人生就会不断演绎喜剧。反之，贪图眼前的利益，就是扼杀自己的缘分，就会失去对方的信任和好感，埋下悲剧的种子。即使一次交易得到多一点，却失去了后续的机会和利益。

有一种胜利叫撤退，有一种失败叫占领。一个"傻孩子"的故事，印证了良性循环的价值和魅力。

美国第九任总统威廉·亨利·哈里森小时候被人称为"傻孩子"。因为，人们发现拿五分和十分的硬币给他，让他挑一个拿走，他总是拿五分的，屡试不爽。因此，大家都觉得他很傻，总是拿硬币测试他，然后嘲笑一番。

一次，一位外地的智者从此经过，听说了这种事，亲自试验了一回，果然与大家说的一样。

智者哈哈大笑，拍着小威廉的肩膀说，“小朋友，你真聪明。”然后转身飘然而去。

小威廉也笑了，身边的一群人也傻笑了一阵，散了。

其实，小威廉一点不傻，而是像那个智者所言，“真聪明”。他明白，如果自己拿了十分的硬币，下次就不会有人让他白拿钱了。所以，他只拿五分的，换来的是一个又一个的五分硬币，价值是一个十分的无数倍。

这就是人性，以“弱肉强食”的策略面对他人，追求“赢家通吃”可能会一次赢得多一些。但是，与利益相伴而来的是他人的无奈、不满，甚至是痛苦、怨恨，再有新的机会别人也不会主动找过来。而且，自己的口碑会越来越坏，其他的机会也会远离自己。

人生不是独角戏，人与人之间免不了打交道，免不了有利益上的交往和冲突。当然，人间的利益不仅是商业利益，不仅是金钱财物。生活中的方方面面，自己想要、别人也想要的东西，都是利益。要演绎自己的人生喜剧，就要记住这个道理，清醒地认识循环的力量与价值，拉着身边的人步入良性循环的金光大道，用暂时的撤退换取更多的利益，不断演绎人间喜剧。不要为一时的利益损坏情义，以失去对方的信任和友善。否则，暂时的占领，换来的却是失败的悲剧，得不偿失。

切记，“弱肉强食”的森林法则要不得。因为，我们是有思想、有情操的人，不是生活在森林里的低等动物。如果按照“弱肉强食”的森林法则来行事，每一次交易交往都想多占多得，只会使自己的缘分都变成一次性的，甚至是恶性循环，身边的人只会远远地躲开你，甚至憎恨你，还能有什么好机会给你呢？

也许国家之间的利益争夺中，谈判无法解决的问题离不开“弱肉强食”的森林法则。但是，日常生活不是两国两军交战，不是你死我活的打拼。人与人之间的利益问题，能够和谐多赢，能够以退为进赢得更多，为什么要“弱肉强食”呢？为什么要为眼前的一点利益断了以后的更大利益呢？

有一种胜利叫撤退，有一种失败叫占领；有一种聪明叫吃亏，有一种愚蠢叫获利。在缘分的空间进入良性循环时，你就会发现，收获在后面。

不要只盯着眼前的小利，不要将能够不断给自己创利的缘分当成一次性用品来消耗。否则，你的路就会越来越窄。

人间心语

有一种胜利叫撤退，有一种失败叫占领；有一种聪明叫吃亏，有一种愚蠢叫获利。

要拉着身边的人进入良性循环，赢得源源不断的利益。不要只盯着眼前利益，不要将能够不断给自己创利的缘分当成一次性用品来消耗。

是悲还是喜，由自己主导

看看自己的身边就会发现，一些人的人缘很好，与身边的人相处得不错，在伙伴们眼里是铁哥们、开心果，他们的人生大戏总是充满欢歌笑语。而另一些人与身边的人很难相处，经常有冲突、闹别扭，不受欢迎，这些人的人生大戏经常是苦情戏、眼泪剧，很悲哀。

为什么会这样？与身边的人一起演绎的是喜剧还是悲剧，是运气决定的吗？

一个古老的传说给出了答案。

传说很久以前，民间艺人们四处流浪，以卖艺为生，他们找到合适的地方就会住一阵子。

一天，一个老大爷带着小孙子在村口放牛，遇到两个流浪艺人。第一个流浪艺人在路口张望了一会儿，问老人：“这个村子里的人怎么样？”

老人反问：“你以前所在的村子里的人怎么样？”

艺人回答：“那里的人都不好。”老人说：“这里的人也一样，不好。”

艺人叹息一声，离开了。

过了一会儿，又走来一个流浪艺人，问老人：“老伯，村子里的人怎么样？”

老人还是反问：“你以前所在的村子里的人怎么样？”

这个艺人回答：“那里的人都很好，我在那里过得很快乐。”

老人说：“这里的人也一样，很好。”

艺人谢过老人，进村子了。

在旁边看着的小孙子觉得奇怪，问老人：“爷爷，他们问一样的事，你怎么回答得不一样呀？”

老人说：“因为他们的心不一样，他们见到的人就不一样。”

这个老大爷的回答没错，解释也不牵强。人间就像一面镜子，对着镜子笑，看到的就是一张笑脸；恶狠狠地瞪着镜子，看到的就是一张丑恶的脸。当然，不是说两个艺人谁好谁坏，而是说他们的心态不同。

前面那个艺人，心灵空间阴云密布，习惯以冷漠的表情对待出现在自己身边的人，警惕地盯着他们，容易看到别人的缺点、弱点。同时，对别人的言行敏感多疑，反应过激，容易误会别人，并采取相应的行动，或是远离，或是攻击。渐渐地，与身边的人距离越来越远，彼此之间的关系越来越差，别人对他也会越来越冷漠、越来越敌视。因此，无论他走到哪里，他都会觉得那里的人不是什么好人。

后面那个艺人则不同，心态阳光，习惯带着灿烂的笑脸对待出现在自己身边的人，经常主动向他们展示自己的友善与热情。自然，别人会积极地回应，笑脸相向，互相包容，互相宽容，开心交流。渐渐地，与身边的人距离越来越近，别人对他也会越来越友善、越来越热情，彼此之间很和谐、很融洽。因此，无论他走到哪里，他都会觉得那里的人都是好人。

人间就像一面镜子，自己的人缘如何，与身边的人一起演绎的是喜剧还是悲剧，一切都由自己主导，也取决于你在这面“镜子”面前展开的是笑脸还是苦脸。因为，世界上没有无缘无故的爱，也没有无缘无故的恨。你身边的人90%以上都是普通人，包括那些令你感到难以相处的人。也许他们有个性化的缺陷，但是，总体上与你一样，都是普通人，都有正常的心理需求和愿望，会对你的言谈举止做出相应的反应。

如果你在这面“镜子”面前展开的是苦脸，总是以冷漠、警惕、厌恶的面目亮相，身边的人就会对你展现类似的面目，如冷漠、抵触、对抗、报复，等等。自然，你也给自己制造了一个个演悲剧的配角，与他们一起演绎一幕幕人生悲剧，把自己的生活空间折腾得像地狱。

反之，如果你在这面“镜子”面前展开的是笑脸，总是带着热情的微笑亮相，身边的人也会对你展现类似的面目，如笑脸、欢迎、帮助、信任、支持，等等。自然，你给自己制造了一个个演喜剧的配角，与他们一起演绎一幕幕人生喜剧，把自己的生活空间装扮得像天堂。

记住，你是自己人生大戏的编剧、导演、主角，你的人生大戏是充满悲情还是充满喜悦，你的生活空间像天堂还是像地狱，都由你自己主导。虽然你不能强迫身边的人欢迎你、喜欢你、支持你，帮你演好自己的人生大戏。但是，你却能够用自己的行动赢得别人的好感，进而使他们欢迎你、喜欢你、支持你。只要你用心演绎人生喜剧，就一定能演好。

人间心语

世界上没有无缘无故的爱，也没有无缘无故的恨。因为，你是自己人生大戏的编剧、导演、主角。你的人生大戏是充满悲情还是充满喜悦，你的生活空间像天堂还是像地狱，都由你自己主导。

别人真重要，不可漠视

“古人说，穷则独善其身，达则兼济天下！我只是四处飘零的草根一族，独善其身，不用去关注身边的人。”

“要自律，要照顾到身边的人，不能随心所欲。这很麻烦，我不喜欢，懒得答理这些。还是简单点，我行我素。”

“我只想做好自己的小事，过好自己的小日子，不在意别人怎么看，走自己的路，让别人说去！”

……

这样行吗？

不行！因为你是在人间生活，在人群中生活，你无法摆脱别人的影响。

一方面，真正的快乐需要真诚的笑脸，即使一个人待着，心态也需要平和，不能总有这样那样的纠结。此外，持续不断的成功更需要借助他人的力量，即使是个人独当一面，也需要有人配合、协调、辅助，不能陷入“叫天天不应、叫地地不灵”的悲惨境地。何况，我行我素影响到别人了，生活空间失去了祥和的氛围，心灵空间被消极有害的情绪占据，不仅活得不开心，大脑也没有足够的时间和空间去思考，何谈成功？

“多一个朋友多一条路，多一个敌人多一堵墙。”“财富不是永远的朋友，朋友却是永远的财富。”这些道理世人皆知。因为我们是人，有天生的人性。快乐的时候需要有人分享，痛苦的时候需要有人倾听，空虚的时候需要有人陪伴，困难的时候需要有人帮助。而在我们需要的时候陪伴自己的人便是朋友。而每个人的朋友、敌人，几乎都来自身边，是有缘相识、打过交道的人。世界上没有无缘无故的爱，也没有无缘无故的恨，深厚的友情需要积累，需要相当长的时间泡在一起才能形成。与你没有关系、没有联系的人，凭什么成为你的朋友？又为什么要费力去做你的敌人呢?

记住，人生不是独角戏，身边总需要有一些人，尽管他们是你的配角，但也要重视他们。

其实，不管你重视不重视，身边各种各样的人一直都在用他们的言行影响着你，你无法摆脱。你重视他们，努力赢得他们的好感，就会不断地为自己制造永恒的财富——真诚的朋友，为自己铺设好很多“康庄大道”，潇洒自在地演绎一幕幕人生喜剧。你不重视他们，漠视他们，任性地我行我素，就得不到他们的好感，得不到永恒的财富，却会给自己制造很多障碍——对你反感、怨恨的人，为自己竖起很多阻挡前进的“高墙”，悲悲切切地演绎一幕幕人生悲剧。

身边的人就是这么重要，人与人之间就是这么密切地互相影响。因此，东方人说，人情练达皆学问！西方人说，情商重于智商！虽然这两种说法的起源和含义各异，前者有上千年的历史，后者是现代的理念；前者是描述一种道理，后者是说明一个对比。但是它们含义相同，都是告诫世人做事先做人。要赢得快乐和成功，就要重视自己身边的人，与他们和谐友好地相处。

做事先做人！这是流传很广的一句名言，也是举世公认的人生之道。这句话的意思很简单，就是告诉我们，无论在什么领域、从事什么职业、担任什么职务，都要学会在人群里生活，要学会与身边的人和谐友好地相处，赢得他们的信任、尊重、重视、协助。能不能做到这一点，决定了一个人的生活质量和事业成就。

有研究表明，在现代社会，一个人的成功，只有15%是靠专业技术，85%靠为人处世。由此可见，与身边的人相处，至关重要。

那么，你还能漠视自己身边的人吗?

可惜，今天有很多人患上了一种病——成人幼稚病。这些人尽管早已成年、踏入社会了，心里却一直拒绝长大、拒绝成熟，把自己当成小孩，不懂得关注自己身边的人。他们总是以自我为中心，漠视别人，不愿意花时间来关注身边的人，任性，斤斤计较，不自律，缺乏基本的礼貌，情绪化，不会主动关心别人，却把他人对自己的关心视为理所当然，还说“戴上耳机，走在路上，世界的喧嚣与我无关。”他们往往感觉身边的人很别扭，自己生活的空间很冷漠，在人生舞台上演绎着一幕又一幕的人生悲剧，甚至出现刀光血影的惨剧。

想要在自己的人生舞台上多演绎喜剧少演绎悲剧，一定要提醒自己，身边的人很重要，不可漠视。即使你戴上耳机堵住耳朵、戴上墨镜闭上眼睛，身边的人还是在你身边，你的举动还是会影响他们，他们的行动还是会影响你。

人间心语

多一个朋友多一条路，多一个敌人多一堵墙。

财富不是永远的朋友，朋友却是永远的财富。

本章小语

人间是个大舞台，每个人都在这个大舞台上自编、自导、自演自己的人生大戏。但是，我们生活在人群中，大舞台是公共的，每个人的人生大戏都不是独角戏，每一场戏都有一些配角——自己身边的人。有相伴一生的亲人，有情谊天长地久的挚友，有共事几年的同事，有合租一室的邻居，有短暂相聚的陌生人，等等。同时，自己也是身边这些人的配角。大家的人生大戏互相影响、互相交叉，共同演绎一幕幕人间悲喜剧。

因此，要想演一出有滋有味、充满喜剧色彩的人生大戏，就不能糊里糊涂地登上人生舞台，不能不在意身边的各色人等。必须重视他们，努力与他们协调好、搭配好，用自己的行动来引导他们展开笑脸、舞动鲜花，配合你演绎一幕幕喜剧。

切莫以天马行空、独往独来的姿态在人间孤独游荡，否则，没有人愿意做你人生大戏的配角，你会很孤单，很累，很苦。而且，你的我行我素会影响身边的人、伤害他们的心灵，你的身边便会经常冒出冷漠的表情、凶狠的声音，你的人生大戏会充满悲情和哭泣。

记住，不管生活的环境多么灰暗，我们也不可能脱离社会独自一人去荒岛上漂泊。我们需要人群，需要学会在人群里演绎自己的人生大戏，努力在人群里演喜剧。

第二章　善待自己身边的人

人生的意义在于人间有真情，真情体现在善待来到自己缘分空间的身边人。

人生是对手戏，不是独角戏。要学会在人群里好好生活，拉着身边的人一起登上自己的人生舞台，使自己的人生大戏有滋有味，充满喜剧色彩。

为此，要珍惜自己遭遇的各种缘分，不管这个缘分是长是短，都要尊重身边的人，重视他们，努力与他们和谐地相处。不可漠视他们的存在，不要以消极的心态面对他们。

茫茫人海中，人们相遇、相识、相知，或是共事一场，或是相亲相爱、结伴生活，或是在一个公共场合擦肩而过，都是缘分。

对于缘分，佛家学说有一个经典的说法。佛曰："前世五百次的回眸，才换得今生的一次擦肩而过。"

擦肩而过的缘分都如此珍贵，相处一段时间的缘分自然更珍贵，相伴一生的缘分，那就无比珍贵。无论缘分是深是浅，都应该珍惜。

"财富不是永久的朋友，朋友却是永久的财富！"大家耳熟能详。如果你在自己相识的人群里面找到一个真心的朋友，那就孕育了一笔永久的财富，不断找到新朋友就是在不断积累财富。如果走过你身边的人都是似曾相识的陌生人，你就失去了永久的财富。如果经常给自己留下一些厌恶自己的"敌人"，给自己竖起了一堵堵"墙"，简直就是人生旅途上的大败笔。

缘分如此重要，身边的人如此重要，你怎么能够漠视呢？

以感恩之心笑对他人

因为有了感恩之心，才能引发惜物及谦虚之心，使生活充满欢乐，心理保持平衡，在待人接物的时候自然免去了许多无谓的对抗与争执。

——松下幸之助

著名企业家松下幸之助的这句话，道出了感恩之心的作用与价值。他没有夸张，更不是忽悠，事实也确实如此。因为，感恩之心不仅是一种优秀的品质，一种积极的心态，更是一个价值非凡的生活工具。有了感恩之心，就如同心灵深处有一颗既温暖又明媚的太阳，乐观积极地面对自己人生旅途上遭遇的一切，会懂得一切都有价值，甚至很美好。

感恩之心的作用和价值，从下面这个小故事中可见一斑。

一对夫妻买了一辆小车，两个人都想开。因为两个人上班的地方不同，老公离家近一些，老婆离家远一些。为了避免中途折腾，渐渐地上下班都是老婆开车，老公坐车。每次上班，老公都是到公司附近的地方下车，然后走十几分钟的路。下班了，也要走十几分钟的路到路边等车。

不久，公司的同事知道了，有人就笑话这位老公，“买车的钱主要是你付的，可是却没有车开，够惨的。”

喜欢开车的他本来就觉得委屈，听同事一起哄，更是觉得别扭。此后一段时间，看到老婆开着车子就郁闷，经常闷闷不乐，总是找理由说道几句。因此，两个人时不时争吵几句，关系也不如以前了。

一天，两人说起汽车的事。老公借题发挥，抱怨老婆不让自己开车，让自己在同事面前没面子。

又听到老公这么一通抱怨，老婆没有反击，也没有一笑了之。想了想，她笑嘻嘻地对老公说："下次再有人起哄，你就对他们说，自己每天上下班都有专车接送，还是美女司机。看他们还怎么说。"

听到老婆这么一说，老公开始一愣，过了一会儿也笑了，"谢谢老婆做我的专车司机，每天开车接送。"

此后，老公的心情开朗很多，不再抱怨老婆抢走了驾驶权。有同事问到车的事，他总是很潇洒地说："我上下班都有专车接送，还是一个美女司机。你们羡慕吧！"而且，他经常对老婆说"谢谢你送我上班""谢谢你接我回家"之类的话。两个人的关系不仅和好如初，还增添了不少的幽默，更加亲密，生活过得很幸福。

以怨恨之心面对老婆，把老婆开车看成是剥夺自己的权利，结果就是冷漠、抱怨和争吵，关系越来越差。以感恩之心面对老婆，把老婆开车看成是给自己做专职司机，结果就是轻松、开心、甜蜜。

有没有感恩之心，差别就是这么明显。显然，在形形色色的缘分空间里面，面对身边各种各样的人，如果想要轻松快乐地生活，感恩之心不可少。

感恩之心价值非凡，人们很早就明白。因此，东方人与西方人以各自的方式倡导感恩之心。我们中国人强调"滴水之恩当涌泉相报"，将感恩之心作为善良的根。西方很多国家则有"感恩节"，鼓励人们懂得感恩，以感恩之心面对自己的父母、老师、伴侣、朋友、工作伙伴。

请看：

感激鼓励你的人，因为他让你信心十足；

感激授予你知识的人，因为他照亮了你前进的道路；

感激哺育你的人，因为他让你丰衣足食；

感激帮助你的人，因为他给了你再生的希望；

感激伤害你的人，因为他磨炼了你的意志；

感激绊倒你的人，因为他强化了你的双腿；

感激欺骗你的人，因为他增进了你的智慧；

感激蔑视你的人，因为他觉醒了你的自尊；

感激遗弃你的人，因为他教会了你该独立；

……

善待自己身边的人，首先要以感恩之心面对他们。有了感恩之心，你就不容易紧盯着别人的灰色地带，而会更多地看到对方对自己的积极一面。因此，不容易陷入消极郁闷之中，言谈举止就会有热情，并感染身边的人，使得他们对自己更加友善。自然而然，自己的世界会多一分融洽，少一点隔阂；多一分团结，少一点摩擦；多一分体谅，少一点埋怨……你的人生大戏就可以踢开很多悲剧的隐患，绽放更多的喜剧色彩。

当然，感恩之心不能隐藏在心灵深处，需要展开笑脸来传递你的这份大爱。如果你是女生，不要做冷美人，不要总是冷冷地面对身边的人；如果你是男生，不要总是沉默地板着脸装酷，说话时不要有气无力，眼睛里面没有一点精神，好像别人欠你很多。

形象一点来说，不要在自己的脸上挂一块“请勿打扰”的牌子。即使是在严肃的工作环境，面对自己的同事、下属、上司，也不要摆出一副冷面孔。否则，你的生活空间温度很低、很冷，身边的人对待你会很冷漠，会离你很远，你的心情也好不了。

而且，要主动展现你的这份大爱，不要说“没人牵我的手，我就揣兜里”。毕竟，很多人不懂得善待自己身边的人，不会主动展示笑脸，不会主动伸出手与你相握。如果你也被动地等待，生活空间的温度很难提升，隔阂很难消除，融洽的喜剧便很难上演。

记住，要演绎自己的喜剧人生，感恩之心这个价值非凡的工具不能脱手。热情拥抱自己人生舞台上的各种配角，你就会感动他们，赢得他们的热情回报，微笑会成为你脸上永恒的标志。

人间心语

以感恩之心面对自己身边的人，热情拥抱自己人生舞台上的各种配角，你就会感动他们，赢得他们的热情回报。自己的世界会多一分融洽，少一点隔阂；多一分团结，少一点摩擦；多一分体谅，少一点埋怨。

记住他人的重要信息

善待自己身边的人，要用心记住他们的重要信息，如姓名、职称、生日、他们最在意的东西，等等。具体要记住哪些，视关系亲疏而定。至少要让他们感觉到你的尊重、重视，知道你的心里有他们，不要让他们因为你的无心而伤心。

用心记住身边的人，一个老师用三个独特的考题宣示了它的重要性。

一门人生课的最后一节课，老师出题考试。

“三道题目都很简单，”老师笑眯眯地说，“记得父母生日的同学请举手。”片刻，女生都齐刷刷地举起了手，有几个男生畏畏缩缩地举起了手，又放了下去。

老师提出第二道题：“教学楼里有三个清洁工，谁能叫出其中两个人的名字?”这一下，男生女生都傻眼了。三年了，没有哪个学生留意过她们。

老师接着抛出了第三道题：“你是否打过自己耳光?”这一回，所有的学生都哧哧地笑了起来。虽说裸奔之类的酷经常出现，可是打自己耳光，谁这么傻呀！

嘈杂的议论声渐渐平息下来了，老师说话了：“‘人生’这门课程，旨在引导我们树立正确的人生观和世界观，教导我们今后如何立身处世、如何成人成才。今天的三道考题，可以说是对同学们做了一个大概的检验。”

“第一题——记住父母的生日。”老师在黑板上重重地写下了“孝道”两个字，“孝道教人善良，心存孝道的人，必定具有善的根苗，有善的根苗，才可能开出善花，结出善果。”

“第二题——记住你身边每一个人的名字。”老师又写下了“尊重”两个字，“记住别人的名字，是尊重别人的表现之一，尊重别人才能得到别人的尊重。尊重使人宽厚。基石宽厚方能负重，人心宽厚方可立业。”

“最后一题——如果你不记得父母的生日，又叫不出清洁工人的名字，那么，你就该打自己一记耳光了。”老师又在黑板上写下了“反省”二字，“反省促人进步，有反省才有悔悟，有悔悟才会有进步，才会有成才的可能。”

确实，记住经常在自己身边的人的姓名，与记住父母的生日一样，很重要。这是善良的体现，是尊重的象征。因为，每个人的名字、职务等重要信息都代表着他本人。在正常人性的作用下，每个人都重视自己，希望得到别人的尊重。因此，记住身边人的重要信息很重要。

尤其是姓名、职务这类代表身份的信息，更重要。当别人亲切准确地称呼自己的姓名、职务之时，你能感受到尊重和赞美，就会对他有好感。即使位高权重的人物也是这样。例如，华盛顿就愿意有人称他是至高无上的美国总统，俄国女皇凯撒琳拒绝拆阅没有称她“女皇陛下”的信件。

据了解，一家酒店生意很好，比附近的几家同类酒店兴旺很多，且大部分客人是回头客。但是这家酒店的条件不比别家的好、价格不比别人的低，其他几家的服务也很标准化，没有什么缺陷。为什么客人都喜欢住在这里呢？

有人深入调查之后发现，这家酒店的客人说，在这里住的感觉更好。因为，在前台办完入住手续后，前台就会将客人的姓名等信息通知其他服务人员。服务人员在为他们提供服务的过程中，经常亲切并准确地称呼客人，例如“吴先生请”“赵小姐，您的房间到了”，等等，不像其他地方，只是“您”“先生”“女士”之类泛泛的称呼。因此，客人们感觉更好。毕竟，称呼中带有自己的姓氏、头衔，更个性化，更能体现他人对自己的尊重和重视。

想一想，一个人见到你时，总是亲切地称呼你的名字、职务，另一个人见到你时，总是简单地称呼“喂”“嗨”之类，你会喜欢谁？

记住别人的姓名等重要信息，在交往中及时亮出来，使他们感受到尊重，是赢得对方好感的有效方法。西方政客们有一句名言：政治家的第一课，就是记住选民的姓名。而且，很多人就是因为重视这一点，认真记住自己接触过的人，在后来的交往中一声亲切而准确的称呼冲破了重重迷雾，便赢得了对方的热情回报。

人间心语

重视自己身边的人，记住他们的姓名等重要信息，在交往中及时亮出来，让他们感受到你的尊重和重视。很快地，你的人间会充满笑意。

突破苏东坡的消极心态

北宋时期的名人苏东坡才华横溢，给后人留下了许多经典的诗篇和书画。他有一个妹妹名叫苏小妹，是当时难得的才女。兄妹之间经常展开智斗，给后人留下了很多精彩的小故事。在逗人一乐的同时，也给了人们很有价值的启示。

有一天，苏东坡到佛印禅师那里与佛印禅师聊天。两人均盘腿而坐，聊到高兴时，苏东坡问佛印禅师："你看我现在像什么？"

佛印禅师说："我看你像一尊佛。"

苏东坡笑着对佛印禅师说："我看你像一坨牛屎。"

佛印禅师笑笑，没有说什么。

苏东坡以为自己占了上风，回家后沾沾自喜地和妹妹苏小妹谈起了这件事。

听了苏东坡的描述，苏小妹说："哥哥！你输了。"

"为什么我输了？"苏东坡不解。

"禅师的心是佛一样的境界，所以看你像一尊佛。而你的心像一坨牛屎一样，看禅师当然也就像一坨牛屎了"。

听了苏小妹的回答，苏东坡面红耳赤。低头沉思了一会儿，对苏小妹的说法点头称是。

这则经典故事告诉我们，要突破苏东坡的消极心态，多向佛印禅师学习，多用欣赏的目光看待身边的人，不要用蔑视的目光去审视他人。否则，依照“镜子原理”，对方感受到你的眼神和表情中流露的心态，自然会有相应的反应。轻者，离你远去；重者，给你反击。毕竟，我们都是俗人，没有几个人有佛印禅师那样的修行。

善待自己身边的人，以赞赏之心面对他们，会有什么样的作用？一个来自非洲的传奇故事给出了答案。

很久以前，非洲一个部落的酋长有三个女儿，前两个女儿既聪明又漂亮，都是被人用九头牛作聘礼娶走的。在当地这是最高规格的聘礼了。第三个女儿到了出嫁的时候，却一直没有人肯出九头牛来娶。而且，上门提亲的也很少。因为她非但不漂亮，还很懒惰，附近没有人想娶她为妻。

一个远方来的游客听说了这件事，找到酋长，对他说：“我愿意用九头牛作为聘礼，来娶你的三女儿。”酋长非常高兴，赶紧把女儿嫁给了这个外乡人。

几年后，酋长去看望自己远嫁他乡的三女儿。见到女儿之后酋长很震惊，因为，以前那个外表丑陋、懒惰的女儿，竟变成了一个气质脱俗的漂亮女人，而且亲自下厨做美味佳肴来款待他。

酋长震惊之余，百思不得其解，就悄悄地问女婿：“难道你是巫师吗？你是怎么把她调教成这样的？”

女婿说：“我没有调教她，我只是始终坚信你的女儿值九头牛，所以她就一直按照值九头牛的女人的标准来做了，后来就变成现在这样了。就这么简单。”

善待自己身边的人，以赞赏之心面对他们，效果就是这么奇妙。

可惜，很多人没有突破苏东坡的消极心态，对身边的人产生了错误的偏见，经常戴着“有色眼镜”消极地看待他们。“他们就是成心和我过不去”“坏透了”“都不是好东西”……而且，因为有错误的偏见，言谈举止经常传递出冷漠、抵触、对抗的信息。因此，伤害了缘分空间的氛围，伤害了彼此之间的关系。

而且，人们对身边的一些人产生这样那样的偏见，不是空穴来风，有时候也是其本人的缺陷或责任。但是，一直戴着“有色眼镜”消极地看待他人，就像苏东坡把佛印禅师看成一坨牛屎，很不应该。

假如你身边有些人让你不爽，你需要提醒自己，不要像苏东坡看待佛印禅师那样看待他们。其实，那些让你感到不爽的人与其他人一样，也是普通人。他们习惯以自己的需求愿望为中心，有一些心理上的弱点、性格上的缺点，有这样那样的小毛病。而且，很多人因为年轻，个性很强，棱角分明，不懂得体谅包容，很容易与身边的人发生冲突、产生矛盾。同时，这些人不懂得善待别人，不会主动想办法化解你们之间的矛盾，久而久之，小小的纠结变成了难以解开的死结，彼此之间陷入了冷战，时不时爆发一下热战。因此，在你的心目中，他们成了魔鬼。实际上他们与你一样，只是很普通的人。没有谁闲得无聊，整天想着与你为敌，没有人希望自己的生活空间像地狱，冷得像冰窖、热得像战场。

假如你以前因为不慎受过伤，被人欺骗过、伤害过，则要提高警惕，睁开自己的慧眼，清醒地识别品行不端、心术不正之人，避免再次受伤。但是不要“一朝被蛇咬，十年怕井绳”，不要对身边的人一概不相信，一概冷脸相向。

善待自己身边的人，尤其不要误解那些让你感觉不爽的人。当然，你无需像佛印禅师看苏东坡那样把他们看成佛，他们也确实不是佛。你只要把他们当成普通人，有正常善心的普通人，多一些赞赏的眼神和言行即可。即使他们有缺陷、有错误，言谈举止中对你产生了伤害，也不要简单地把他们看成故意与自己作对的另类，不要把他们当成恶魔，与他们相处的时候，不要经常流露出恶意，就相安无事了。

人间心语

善待自己身边的人，以赞赏之心面对他们。不要误解那些让你感觉不爽的人，不要把他们当成恶魔、当成生来与你为敌的人，与他们相处的时候，不要经常流露出恶意。

突破第一印象的误区

孔子在开办学堂、招收学生的时候，其貌不扬的子羽想投身孔子名下。在第一次拜师的时候，因为相貌、衣着等方面的原因，孔子对他的印象不好，觉得他长相很丑，不会有什么才气。所以，他对子羽的态度很冷淡，教子羽的时候也不认真。过了一段时间，子羽感到没意思，学不到什么东西，因而离开了孔子。

离开孔子的学堂后，子羽没有放弃，而是刻苦自学，后来竟取得了不俗的成就。孔于知道后，很后悔，发出了“以貌取人，失之子羽”的感叹。

孔子失去了一个好学生、好助手，原因很简单，他没有突破第一印象的误区。

第一印象，即第一次见面过程中给人留下的印象，尤其是最初几秒钟留下的印象。

第一印象很重要。一个人留给别人的第一印象往往会在对方心里留下深深的烙印，很深刻、很鲜明。因为深刻、鲜明，导致先入为主，产生了“第一印象效应”，对人际交往有很大的影响。

对一个人的第一印象好，人们就乐于跟他继续交往、多交往，来来往往的过程也比较顺畅，笑脸相迎笑脸相送，更容易和谐相处。即使在后来的交往中出现问题，也会往好的方向想。第一印象不好，别人就不会愿意继续交往下去，来往的过程也会很冷漠、很纠结，不容易和谐相处。即使后来的交往中有好的表现，别人也容易往坏的方向联想，容易产生误解。

例如，给人留下良好的第一印象的人，即使后来发生激烈的争执，对方也不容易反感，会觉得这个人对工作很认真，有思想，有见解，值得信任。反之，如果这个人给人留下的第一印象不佳，如果后来在工作中发生争论，即使说的有道理有依据，对方也会很反感，觉得这个人固执己见、自以为是、目中无人。

“第一印象效应”最明显的例子莫过于一见钟情。如果一个男人见到一个女人，仅仅是一眼，即使对她的性格、爱好、优点、缺点几乎一无所知，就爱上了她。原因很简单，只是因为她漂亮，给他留下了很好的第一印象。

“第一印象效应”影响很大，因此，容易给人造成误解，毕竟每个人都不会轻易展露自己。在短短的时间里、粗浅的接触中，留下的第一印象只是很表面的东西，不能代表一个人的全部。事实上，一些帅哥美女只是金玉其表、空乏其中，没有什么内涵；一些人外表粗放，然而内心细腻，为人处世周到细致；一些人相貌虽很一般，言谈举止却能深深打动对方；一些人在陌生人面前少言寡语，在熟悉的朋友面前却经常滔滔不绝，妙语连篇……如果被第一印象迷惑了、牵制了，就会出错，像两千多年前的孔子那样。

善待自己身边的人，需要突破第一印象的误区，注意要对他们有更深入的了解。尤其不要因为对某人的第一印象不好就对其“定格”了，不要一直带着偏见和抵触情绪去面对他们。否则，容易将自己的“路”变成“墙”。

人间心语

善待自己身边的人，注意对他们更深入的了解，不要陷在第一印象的误区里拔不出来。尤其不要因为对某人第一印象不好就“定格”了，不要一直带着偏见和抵触情绪去面对他们。

突破距离产生的误区

户外旅行的时候，要向自己的目的地走，同时更要欣赏沿途的风景。不去欣赏沿途的风景，一路上抱怨山不够高、水不够清、树叶不够茂密、花朵不够鲜艳，这样的人在旅途中也不会有什么快乐。

漫步在自己的人生旅途上，亦是如此，要在努力前进的同时欣赏身边的风景，不要一味地抱怨。尤其是善待自己身边的人，不要对他们产生误解。

前面说过，缘分是什么，谁也说不清。就像张爱玲所言："在千百万人中，千百万年间，不早不晚，正好碰上了。"这就是缘分，说不清、道不明，抱怨身边的人，又有什么用呢？

可惜，很多人没有珍惜自己的缘分，经常抱怨身边的人这不好、那不好，没有其他人那么好，不如其他人好相处。

有的人抱怨自己的合租邻居："没什么好东西，经常折腾，懒得理他们。"

有的人抱怨自己的同事："几个家伙都不怎么样，没法和他们搞好关系。"

有的人抱怨自己的亲戚："那些人都难缠，讨厌死了！"

有的人抱怨自己的男朋友："这家伙好懒，烦死了！"

还有人抱怨自己的兄弟姐妹："我命不好，家里摊到这样的家伙。"

事实上，对自己身边的人不满，觉得他们不如其他人那样好相处，几乎都是距离太近的原因，因为距离而产生的误解，并不是自己身边的人真的不如别人。

我们人性的一个缺陷，就是容易忽视别人的优点，容易记住别人的缺点。而且，别人身上的优点会随着时间的延续而日益淡化，变成很平常的感觉；别人身上的缺点，却会因为时间的延续而日益积累，变成很深刻的感觉。因为距离近、接触多，身边的人有什么优点，我们看不到；那些缺点与不足，则越来越明显。因此，误会越来越深，积怨越来越深。

“老婆总是别人的好”，这么一句俗语竟能够流传千年，得到一代又一代男人的认同，就是因为人性的缺陷。因为距离很近、接触时间很长，看不到老婆身上的优点了，心里存下的只是老婆的一些毛病。同时，别人的老婆身上的毛病看不到，只看到她们艳丽的外表、柔和的声音、礼貌的微笑。因此，男人们都觉得老婆是别人的好。

记住，距离产生美。因为，拉开了距离就看不到细节，看到的只是灿烂的一面；接触少了，就感受不到缺点；走得近了，缺点就看出来了；接触时间长了，不好的感觉就积累很多了。

例如，小丽、小怡两个女孩在一个公司的两个部门工作一年多了，关系一直不错，没有什么矛盾冲突。后来，因为交通拥堵太厉害，小丽搬到公司租的员工宿舍，与小怡住在一起了。不久，两个人的关系就发生变化了。

因为住在一间屋子里，两个人的饮食起居、日常生活习惯等方面都有一些差别。而且在一个狭小的空间里面，磕磕碰碰的小事自然少不了。渐渐地，两个人都觉得对方这里不好、那里不对，而且都有自己的理由。

这就是距离产生的误区。

善待自己身边的人，一定要突破距离产生的误区，不要抱怨别人这不好、那不好。要明白，人无完人，身边的人换了其他人也会有这样那样的缺陷不足，也许会比现在的更差。

人间心语

因为距离近、接触多，身边的人有什么优点，我们看不到；那些缺点不足，则越来越明显，积怨会越来越深。这是因为距离产生的误区，必须突破。

以体谅之心来包容差异

漫漫人生旅途中，我们都是在人群里生活，身边总有各种各样的人路过。尽管人的种类不多，按性别来看，不过是男人女人之分；按年龄来看，有孩童、成年人、老年人；按肤色划分，有白种人、黄种人、黑种人，等等。但是，稍微细心一点就能发现，每个人都与众不同，都有自己的个性，有自己的特点、喜好、习惯，堪称千人千面。

在人群里生活，体谅包容之心不可少。

可惜，很多人都缺乏体谅包容之心，没有体谅别人的需求和困难，没有包容别人与自己不同的一些地方。因为各有所好、各有所难，有一点小矛盾就心里不爽，折腾对方，弄得自己的生活空间弥漫着纠结的沙尘，经常爆发吐沫横飞的激战，令大家伤痕累累。

一套合租房里的几个人就是这样。

由于房子是三室一厅，四个人经过中介公司陆陆续续地住进来。大屋里面住了一对情侣——小刘、小殷；两间比较小的房间分别住的是小伙子小魏、女孩小郑。根据与中介公司签订的合同，租金各自直接支付给中介公司，水费、电费、燃气费按人头平均分担。就是因为这个平均分担，几个人都觉得不公平，心里很纠结。

小刘、小殷两个人很纠结，“我们两个人住一个屋子，晚上开的是一盏灯、用的是一台电脑，与一个人的费用一样，凭什么交两份钱?”

小魏很纠结，“我的房间里面没有空调，只有一台小电风扇，另外两间房子里都有空调。夏天时分，用电量剧增，都是他们开空调的原因，电费凭什么还是分摊?”

小郑很纠结，“我天天上班，小魏是自由职业者，整天待在家里开着电脑，耗电、用水比我多很多，凭什么我出的钱与他一样?”

小郑爱干净，每天洗澡，且时间不短，用水量很大。平均分摊水费不公平，其他人很纠结。

小刘、小殷每天晚上在厨房炒菜做饭，休息日更是午餐、晚餐都做，小魏、小郑基本上是在外面吃，偶尔煮个水饺面条。平均分摊燃气费，小魏、小郑很纠结。

让几个人纠结的事还有不少。如果出了几天差，费用该怎么算，等等。因为这些纠结的事，每次结算费用时，几个人经常为几块钱、十几块钱争论一番。尽管没有什么激烈的冲突，几个邻居相处得不和睦，在自己的家里待着的时候都不开心，处理一些公共事务的时候、需要别人帮助的时候，总是很别扭。

其实，大家都只想平平静静地过自己的生活，没有想着去伤害合租邻居。而且，谁都没有错，只是因为缺乏体谅包容，追求无法实现的公平，弄得大家都不开心。

直到有一天，小魏为疏通下水道付钱后，对邻居说："你们都上班，我待在这里的时间更长，平时用的水电也多一些，这 30 元钱，我一个人出吧。要不然，我也不好意思。"三个邻居听了，都很感动。此后，大家都懂得体谅别人、包容一些差异，不再像以前那样斤斤计较了，彼此的关系也融洽多了。

与这个合租房相似的事例还有很多。夫妻之间、同事之间、室友之间，都有。因为缺乏体谅包容，没事找事，对别人的一些个性特征太计较，或是过分地挑剔，或是冷嘲热讽，甚至故意制造麻烦和障碍，弄得彼此之间关系不好。

例如，有一对新婚不久的夫妻，妻子小杨很爱清洁，有点洁癖，家里有一点灰尘就不高兴，坐便器、水盆等等也要干净如新。老公小赵则不太在意，觉得家里只要不是很凌乱、没有什么垃圾就行。热恋之时，对小杨的高标准要求，小赵会迁就。结婚一段时间了，本色显现了，他便渐渐不耐烦了。

“没见过你这么不讲卫生的!”“雪白的东西都发黄了也不擦干净!”“你没长眼睛呀，看不到灰尘呀?”小杨经常挑剔，几乎每天都要指责小赵几句。

“两三天就要擦，马桶用了就要擦，地板每天都要拖，你烦不烦!”“不擦就不干净呀？又没有脏东西!”小赵受不了，也经常反击。

于是，两个人经常为家里的卫生情况而争吵，关系越来越僵。小杨后悔嫁了一个不讲卫生的老公，小赵后悔娶了一个有洁癖毛病的老婆。结婚不到两年，便离婚了。

其实，小赵不是不讲卫生，清理垃圾、整理厨房之类的家务活他会及时做。只不过男女有别，对干净、不干净的感觉与小杨不同。小杨没有包容这个差别，非得要求小赵按照自己的标准来搞卫生，导致争吵不断，最后分道扬镳。

善待自己身边的人，以体谅之心来包容差异，这是生活的基本常识。因为，我们每个人都是独特的个体，无论多么平凡，也是与众不同的一个人。不仅男女有别、老少有别，世界上就没有完全相同的两个人。即使是双胞胎，在为人处世的方式、言谈举止的习惯等方面，也有很多不同之处。

何况，人群里没有绝对的公平、公正，只能力求和谐。因此，要体谅他人与自己的不同之处，包容一些差异，包容他人的一些缺陷，不能要求别人的习惯、特点、喜好之类与自己一样，不要追求绝对的公平、公正。对自己看不惯的一些小事、一些缺点，不要耿耿于怀；宁可自己吃点小亏，也不要对任何事情斤斤计较。只要不是故意做恶，不是屡教不改的恶性，就以体谅包容来“和谐”掉。否则，身边不是沙尘就是风雨，根本不会有晴朗的蓝天白云。

其实，以体谅之心来包容差异，不需要你奉献什么，也不要求你委曲求全。只要对别人的正常个性、特征，包括一些小毛病、小缺点，体谅、接纳、包容就可以了。做到了这些，对身边的人就不会左看不顺眼右看不顺眼，就能够轻松地面对身边的人们，不容易与他们产生矛盾纠纷。

记住，在差异无处不在的人间，你需要以体谅之心来包容别人。

人间心语

在差异无处不在的人间，你需要以体谅之心来包容别人。只要不是故意做恶，不是屡教不改的恶性，就以体谅包容来“和谐”掉。否则，生活空间里面不是沙尘就是风雨，根本不会有晴朗的蓝天白云。

本章小语

人生的意义在于人间有真情！

每个人都是独立的，但不是孤立的，是在人群里面生活。每个人的人生不仅仅属于自己，还与身边的人们密切相关，这些人包括自己的亲朋好友、同学、同事，等等。事实上，人间的真情是每个人活着的理由与意义。如果没有亲朋好友、同学、同事、战友等人的情义，一个人生活，即使坐拥金山银山也会感觉空虚无聊。

因此，要在人群里演喜剧，需要真心的朋友，更需要善待自己身边的人。要以感恩之心面对他们，用真心关注他们、记住他们。还要突破一些误区，不要被迷雾蒙住心灵。尤其要以博大的心胸来包容身边的各色人等，包容他们与自己的不同、对自己的偏见，不要把他们当成敌人。

善待自己身边的人，你会赢得人间的真情，你的人生舞台上会绽放很多喜剧之花。

第三章　扫除和谐的大敌

拔掉心灵空间的锋利“毛刺”，给别人陪你演绎人间喜剧的理由。

豪猪的身上长有许多像刺猬那样的毛刺，很锋利。在寒冬腊月的时候，为了取暖，几只豪猪就想尽量靠拢一点，因为挤到一起可以互相温暖。然而，在彼此靠近到一定程度的时候，身上的毛刺会刺伤其他豪猪。因此，豪猪们不得不赶紧分开，以免受伤。

一阵寒风袭来，豪猪们又往一起凑，但是，身上锋利的毛刺再次将它们分开。就这样，一次次地靠拢，又一次次地分开，尽管所渴望的温暖近在咫尺，却总是得不到。因为他们身上都有会刺伤对方的毛刺。

脱离了原始社会的人，有房子住，有衣服穿，很少挨冻。不过，在钢筋水泥的丛林里，在熙熙攘攘的人群中，面对广袤的天地和繁杂的社会，人们依然经常有一种在寒风中受冻的感觉，渴望身边的人能够给自己带来温暖，需要与身边的人一起演绎欢天喜地的人生大戏。

但是，尽管我们身上没有锋利的毛刺，心灵深处却有一些看不见的“毛刺”，在彼此接近的时候会有意无意地刺伤对方，使得人们像“豪猪取暖”一样难以亲近和谐。

这些看不见的“毛刺”中，有几根很锋利，堪称和谐的大敌。因为这些大敌，很多人虽然身在熙熙攘攘的人群中，却总是感到孤独、寂寞，心情郁闷，纠结不清，人间成了他们上演悲剧的舞台。

要在人群里面演绎欢天喜地的人生大戏，而不是充满纠结郁闷的悲情戏，必须突破“豪猪取暖”的困境。为此，需要拔掉心里的几根锋利的“毛刺”，扫除和谐的大敌。

读懂相对论，不要偏激

苏格拉底是西方哲学的奠基人，以传授知识为生，许多年轻人常常聚集在他周围，拜他为师，跟他学习，向他请教。

一天，苏格拉底的三个弟子向老师求教，怎样才能找到理想的伴侣。苏格拉底没有回答他们的问题，而是带着他们来到一块麦田，让他们三个人分别从麦田的这头走到那头。要求每个人要在走过去的途中选择自己认为最大的一个麦穗，摘下带回来。而且，不能走回头路，每人只能摘一个，不能更换。

第一个弟子刚走几步，便摘了自认为是最大的麦穗，然后发现后面还有更大的。

第二个弟子一直是左顾右盼，东挑西捡，一直到了麦田的另一头才发现前面遇到的几个很大的麦穗已经错过了，摘下来的也是一个不大的。

第三个弟子很细心，走了1/3左右时，对什么样的麦穗算是大的有了感觉。又走大约1/3之后，心里更清楚了。于是，在最后的1/3的路程里，他选择了一个很大的麦穗，比前面两位的都大不少。

这就是我们生活的人间，一切都是相对的。第三个弟子因为明白这个道理，在相同的环境下摘到了很大的麦穗，没有后悔。另两位却因为迷茫而失败，后悔不已。

一切都是相对的。不是非黑即白，不是简单的好坏、对错，不是只有0分、100分。例如，我们日常生活中吃的食品、用的美容护肤用品，等等，几乎都含有一些对人体有毒有害的化学物质。但是，不等于这些东西一点都不能有，不等于含有一点有毒有害的东西就不能吃、不能用。只要符合质量标准、没有超标，就合格，就不会对人体造成伤害。同样，是药三分毒，营养价值再丰富的好东西也不能过分食用。人参、灵芝、虫草，还有各种蔬菜水果也要适度食用，吃多了就会伤身。

切记，以“相对论”的心态面对自己生活空间的人物、事物、现象，不要偏激。对别人的观念、看法，不要简单地“零容忍”，不要以偏概全、全盘否认。同时，对自己的观念、看法，不要带着“100%正确”的态度来亮相。

事实上，偏激的心态是一根很锋利的“毛刺”，有很大的杀伤力，拒人于千里之外，是和谐的大敌。

带着“零容忍”的偏激心态面对身边的人，容易以偏概全，百般挑剔，钻进牛角尖里抬杠，抓住对方的一点缺陷、漏洞就不放手，千方百计诋毁对方，非要把对方驳得体无完肤才罢休。

带着“零缺陷”的偏激心态面对自己，容易意气用事，主观武断、固执己见。对别人善意的规劝、平等的商讨、合理的意见之类一概置之不理，强词夺理为自己辩护，想尽办法压低别人，似乎只有自己是对的，别人的意见都是无理挑剔。

对别人是“零容忍”，对自己是“零缺陷”，这样的人谁受得了？惹不起、躲得起，自然，他的缘分空间冷冷清清，人缘很差，不会有什么朋友。实在躲不开的亲友，只能是小心翼翼地保持距离，表面的缘分很近，心灵之间的距离很远。

不要偏激，不要非黑即白看世界，尤其不要偏激地对待身边的人。须知，生活的空间不是辩论赛场，身边的人不是你死我活搏斗的对手。事实上，辩论赛场上比的是双方的辩论水平，不是谁对谁错。因为，几乎每一场辩论赛的正反两方的说法都有自身的道理，同时又都不全对。

请看：

“女性比男性更需要关怀”PK“男性比女性更需要关怀”；

“社会秩序的维系主要靠法律”PK“社会秩序的维系主要靠道德”；

“艺术商品化利大于弊”PK“艺术商品化弊大于利”；

“网络使人们更近”PK“网络使人们更疏远”；

“都市化有利于人类发展”PK“都市化不利于人类发展”；

“人类将会毁于科技”PK“人类将不会毁于科技”；

“夫妻之间应该有隐私”PK“夫妻之间不应该有隐私”；

……

哪一个没有充分的道理？又有哪一个没有一个漏洞？

在人群里面演喜剧，需要扫除和谐的大敌，读懂人间的“相对论”，保持理性的思维，不要偏激地对待自己身边的人。

人间心语

生活的空间不是辩论赛场，身边的人不是你死我活的对手，一切都是相对的。不是非黑即白，不是简单的好坏、对错，不是只有0分、100分，不要以“零容忍”的心态面对身边的人。

学会换位思考，理解别人

理解万岁！一度风靡神州大地的口号至今依然能够引起人们的共鸣。因为，人们确实很需要理解，却又难以得到理解。毫不夸张，人与人之间经常闹矛盾、不和谐，缺乏理解是一个重要原因，更是和谐的一个大敌。

请看：

小卫与小丽是一对情侣，但是，他们经常争吵，生活过得很不愉快。

“好不容易有个休息日，要他陪我去街上多逛逛就不愿意。一点都不照顾我，真烦人！”小丽经常这样抱怨小卫。

“好不容易有个休息日，想好好休息，非要我陪她去街上瞎逛。要买什么就去买呗，街上那些东西又不是什么好东西，又不是没见过，还要慢慢地逛。这不是折腾人吗？你说烦不烦！”小卫经常这样抱怨小丽。

两个人经常争吵、互相抱怨，就是因为不理解。小卫不理解小丽喜欢逛街，那是女孩子的天性，走多久都不嫌累，要他陪着那是因为需要他的呵护，不是故意折腾他。小丽也有错，不理解小卫的辛苦，每次上街就要逛很久，小卫有牢骚、不愿意，是因为很累，不是不愿意照顾她。

其实，只要两个人都能多理解一下对方，就不会经常争吵了。

相亲相爱的情侣尚且因为彼此之间不理解而经常争吵、不开心，普通关系之间更是如此。要与身边的人和谐相处就要扫除不理解这个大敌，不要简单地以自我为中心。要学会换位思考，学会理解别人，才能与身边的人和谐相处。

一个寓言故事很有启示。

一个牧人在一个畜栏里养了一只小猪、一只小绵羊和一头小奶牛。一段时间后，小猪、小绵羊和小奶牛渐渐长大了，牧人经常把绵羊、奶牛拉出去，没有拉猪出去。几个月后的一天，牧人进来抓猪，要把它带走。猪不愿意，大声地哭号，拼命地反抗。终于，牧人放手了，摇摇头叹息一声，走了。

牧人走后，绵羊和奶牛很生气，因为猪的哭号搅得它们心烦。它们指责猪说："讨厌！这么大声号叫，烦死了！不就是抓你出去一下吗？出去一下，等会儿再回来就是了，哭什么呀？他经常抓我们出去，我们从来没有像你这样大呼小叫呀。"

猪听了两个伙伴的指责，更伤心了，一边哭一边说："不一样的呀！他抓你们出去和抓我出去完全是两回事。他抓你们出去，只是要剃绵羊身上的羊毛、要挤奶牛乳房里面的奶，不会伤到你们。但是，他抓我出去只要一次就是要我的命呀！我能不哭号、不反抗吗？"

绵羊和奶牛这才明白，确实不一样，原来是自己错怪猪了。因此，就没有再抱怨猪了，三个伙伴又和和美美地在一起生活了一段时间。

只是站在自己的角度看问题，很难理解身边的伙伴，容易错误地看待别人、挑剔别人、指责别人，无意间便会给身边的人带来痛苦和伤害。

理解万岁，几乎众人皆知，多理解别人，不是深奥的道理。为什么人与人之间不容易互相理解呢？为什么经常因为不理解而闹别扭呢？

人性的缺陷，一个致命的人性缺陷，导致了“芝麻西瓜效应”。

人都有一个特点，对自己的伤痛、困难、需求，或是功绩、价值等，很敏感，会放大许多倍。形象一点来看，就是把自己的“芝麻”当成“西瓜”。同时，对他人的伤痛、困难、需求、功绩、价值，等等，却很麻木，会缩小许多。形象一点来看，就是将别人的“西瓜”看成了“芝麻”。

这就是“芝麻西瓜效应”，很普遍，很明显，很糟糕。正是因为这个缺陷，人与人之间面临一个难点——理解，不容易理解别人，同时却渴望得到别人的理解。

最简单的事例就是，人们在公交车上、车下的不同心态。

上下班的时候，挤公交车的人很多。上了公交车的人希望司机尽快开车，不管下面是不是还有很多人没有上来。因为在他们心中最重要的是“我要赶时间”。没有上车的人则希望司机不要开车，不管车上是不是已经人满为患、是不是很多人要迟到了。因为在他们心中最重要的是“我还没上去”。

还有，因为性别、年龄、工作岗位、个人特征等各方面的不同，每个人的愿望、重视的对象都会不同。

例如，化妆品、首饰、时尚的服装对女人而言是信心，对男人而言是幻觉。因此，大多数女人非常在意这些东西，大多数男人很难理解女人们的愿望。同时，逛街对女人而言是娱乐，对男人而言是浪费时间。因此，女人总是要男人陪自己逛街，男人却很少愿意漫无目的地在街上溜达。

因此，要与身边的人和谐相处，一定要突破人性的缺陷，突破“芝麻西瓜效应”，学会换位思考，站在别人的角度想一想，关注一下别人的困难、需求、愿望，不要把别人的大“西瓜”当成小“芝麻”。

扫除和谐的大敌很重要；突破人性的弱点，不容易。但是，这并不是高深的专业难题，注意以下几个方面即可。

首先，经常反省一下自己是否理解身边的人，尤其是朝夕相处的亲人、同事、同学，是否注意到他们的困难、需求。提醒自己不要被人性的缺陷控制，不要陷入“芝麻西瓜效应”里面出不来。

日常生活、工作中，与身边的人相处或沟通时，若发生问题，不要将自己的感觉当成是非对错的唯一标准，不要因为自己觉得没问题、不重要，就不在意别人的感受和需求。

身边的人出错了，不要把他们看得很坏；自己出错了，不要把自己的错看得很小；几个人在一起闹出矛盾时，不要把自己看得很无辜，不要把责任都看成是别人的。

身边有人对你提出了更高的要求时，不要简单地指责别人，不要把别人的合理要求看成是对你的刁难。换位思考一下，想一想他们为什么有这样的要求。

觉得别人小题大做、与自己过不去的时候，不要简单地发脾气，不要一味争吵。问一问，想一想，自己究竟给他们造成了什么影响，究竟应该怎么解决才好。

换位思考最重要的是，把别人当自己，把自己当别人。

人间心语

把别人当自己，把自己当别人！

换位思考去理解别人，不要把自己的大“西瓜”当成小“芝麻”，不要经常以“饱汉不知饿汉饥”的心态面对身边的人。

放宽眼界，看到“白板”

在人群里面生活，需要和谐，而和谐离不开彼此之间的友好。至少，彼此之间不要有糟糕的印象。毕竟，没有谁愿意经常与自己不喜欢的人相处来往。因此，要与身边的人和谐相处，就要看到他们身上的“白板”，不能只盯着几个“黑点”。

“白板”和“黑点”来源于一个很有趣的小故事。

有一天，一位老师走进教室，要给学生们讲生活。登上讲台后，他没有宣讲什么，而是在白板上点了一个黑点。然后，转过头来问学生：“这是什么?”

学生们异口同声地说：“一个黑点。”

老师很惊讶，问道：“只有一个黑点吗？这么大的白板，大家都没有看见吗?”

学生们面面相觑，不知道该怎样回答。

老师借一块白板、一个黑点提醒学生，看待身边的人和事，眼界要宽阔，不要只看到不好的一面，却看不到更多的另一面——好的一面。

老师没有小题大做，事实上，只看到“黑点”而看不到“白板”，是人性的一个弱点，是和谐的大敌。我们每个人都要记得，与身边的人相处时，要放宽眼界，看到他们身上的优点，不要眼里只有别人的缺点。

可惜，很多人没有注意到别人身上的“白板”，却因为别人的几个“黑点”而纠结不已，失去了和谐的基础。

一个大学宿舍里，小魏对两个同学很有意见。因为小李很懒，饭碗、衣服都懒得洗，弄得宿舍里面很脏乱。小刘很烦人，经常在宿舍里大放厥词，还要大家与他一起谈天说地。久而久之，小魏对这两个同学越来越看不顺眼，与他们的关系越来越差，还经常与他们发生争吵，弄得宿舍里面经常像战场一样。

虽然小魏的意见和反感不是无理取闹，但是，如果放宽一点眼界，多看到别人的优点，就不会对别人左看右看都不顺眼了。

小李很懒，影响宿舍里的环境卫生；小刘喜欢在宿舍里谈天说地，容易影响别人，这是他们的缺点。但是，他们也有很多优点。

例如，小李喜欢上网玩游戏，不过，每天晚上十点半就下线关机，不影响其他同学休息。还有，虽然他家里比较富裕，也没有对班里的贫困同学冷嘲热讽，同学生活有困难时，他会热心相助。小刘头脑聪明，思维敏捷，同学在学习、生活方面遇到什么问题时，他会热心地帮同学出主意。而且，宿舍里的杂七杂八的事他都很上心，如值日的事情都做得很好，同学忙了，他会帮着打开水。这些都是优点，可惜，小魏虽然看到了却没有在意，没有看到他们身上的大块“白板”，只盯着他们的“黑点”了。因此，他不高兴，很纠结，也失去了和谐的基础。

类似的现象很多。夫妻之间、同事之间，亲友之间皆如此。在一次关于团队协作的沟通活动中，几个人都抱怨自己身边的人这不好、那不好，很难与他们沟通、协作。听了他们的抱怨后，我请他们说一说那些同事身上有什么优点，没有谁能像说出同事的缺点那样张口就说出一堆，都是想了很久才勉强说出一两个优点。

看不到别人身上的大块“白板”，只看到几个“黑点”，人们不是故意这样的。因为，人们的优点几乎都是做好了该做的事，都是平平淡淡的正常表现，不容易引人注目。

例如，上班很少迟到，承诺的事情会努力办好，身边有人学习时注意保持安静，见面时总会对人点头微笑打声招呼，发生争论时也不会大喊大叫，遇到陌生人也和颜悦色，不会粗鲁无理，等等，这些都是优点，但是，不容易给别人留下什么印象。反之，一两个方面表现不好，或是伤到自己的利益，或是伤到自己的面子，或是影响到自己、让自己觉得不顺心，就会留下不良印象。日积月累的，就容易产生偏见，只看见他们身上的几个“黑点”，看不见一大块“白板”。

而生活在形形色色的人群里，我们要经常提醒自己，放宽眼界，看到别人身上的“白板”，避免“一叶障目，不见森林”。否则，容易对身边的人产生偏见，并被误导出反感、抵触的情绪，失去和谐相处的基础。

人间心语

生活在形形色色的人群里，要放宽眼界，看到别人身上的“白板”，避免“一叶障目，不见森林”。否则，误导出反感、抵触的情绪，就失去了和谐相处的基础。

抛开偏见，坦荡交往

一天早上，小山村里的村民老张要上山砍柴，却找不到自己砍树劈柴用的斧头了。想起隔壁的一个小孩头天下午来过，而且那家的大孩子不久前偷过别人家的锄头。想到这儿，老张怀疑自己的斧头被隔壁的小孩偷走了。虽然没有证据，老张的心里却有了这么一个疙瘩，断定小孩偷了自己的斧头。

于是，好几天的时间里，老张总觉得那个小孩怪怪的。看到小孩对他不理不睬，他就觉得小孩心虚害怕了；看到小孩主动对他笑，他觉得这是小孩心里有鬼，想掩盖自己的过错；看到小孩一个人往山上跑，他觉得这是小孩偷偷地去看藏起来的斧头。总之，不论这个小孩是什么样的表情、动作，对他是亲近还是避开，老张都觉得小孩就是偷斧头的人。只是没有证据，所以也就没有办法去找邻居讨要斧头。

几天之后，老张到自己的屋子后面搬柴的时候，发现了自己的斧头。这才想起来，上次劈柴后把斧头扔在了地上，后来被自己随手扔下的一堆柴木遮住了。

找回了自己的斧头以后，老张再看隔壁的那个小孩，感觉就不一样了。小孩不理自己，他觉得那是小孩不懂事；小孩主动对他笑，他知道小孩肯定是想让自己上山的时候给他多摘一点野果；小孩一个人老是往山上跑，他知道那是小孩贪玩。总之，再怎么看也不像是会偷斧头的人。

这个故事告诉我们，有了先入之见，就有了联想的空间，看到的、听到的都会变形，很容易对别人的言行产生误解。只要先入之见不是好事，就容易将别人的正常言行往坏的方向联想。一句真诚的问候会视为对自己的嘲笑，一句善意的提醒会视为自我显摆，一个关注的眼神会视为心怀叵测……将美妙的清香都联想成罂粟的毒气，以这样的心态面对身边的人，基本的信任都缺乏，哪里来的和谐基础？

可惜，在我们的社会环境中，各种各样的偏见、歧见却不少，对人际关系的破坏作用很大。而且，多数偏见、歧见是全社会普遍存在的，不是少数人的心理问题，这需要重视。

除了先入之见，偏见、歧见还容易因为偶然发生的事而产生。

上海某家公司里的两个同事因为工作问题发生争执。两个人都是大学毕业不久的女孩，不懂得控制情绪，争执演变成争吵，最后口无遮拦地互相对骂。来自外乡的小珍经常冒出“你们上海人如何如何”，上海本地的小茄也时不时地冒出“你们乡下人如何如何”。这几句话被旁边的几个外地同事听到了，因此产生了偏见，觉得小茄瞧不起外地人。

其实，小茄虽然有一点上海人的优越感，对同事还是很友好的，心里没有瞧不起外地人。那些侮辱外地人、农村人的几句话只是情急之下冒出来的，她的内心并没有那么灰暗。

不管是什么原因造成的偏见、歧见，破坏力都很大，是和谐的大敌。形象地看，它们就像一个邪恶的喷雾器，会不断地喷出带有邪恶怪味的迷雾，弥漫在别人的身上，笼罩着他们的正常言行，使自己对他们产生错觉，对他们的言谈举止产生趋向邪恶的误解。在邪恶的迷雾阻挡下，最基本的信任都很难保存，和谐需要的基础没有立足之地，交往只停留在不得已而为之的程度。

如果你对身边的人有偏见、歧见，请及时抛开，突破这股邪恶的迷雾，坦坦荡荡地面对他们，与他们正常交往，不要戴着“有色眼镜”来对待他们。

人间心语

偏见、歧见就像一个邪恶的喷雾器，会不断地喷出带有邪恶怪味的迷雾，弥漫在别人的身上，笼罩着他们的正常言行，使自己对他们产生错觉，对他们的言谈举止产生趋向邪恶的误解。

挺起胸膛，不要自我孤立

我们在人群里生活，人群里面有各种各样的人。草根一族、弱势群体经常要面对一些在某个方面比自己更强的人。如地位更高、事业更成功的上司、老板，学历更高、职位更高的同事，收入更高、活得更潇洒的同学、老乡，等等。此时，一个和谐的大敌出现了，这就是自卑导致的自我孤立。

因为自卑，面对那些比自己更富、更强、更高的人，一些人很怯弱，尽量远离他们，不敢主动靠近。无法回避时，只是卑躬屈膝的姿态，不敢正视对方的眼睛，也没有热情的笑脸；沟通的时候，只是简单的唯唯诺诺，不敢大声说出自己的心声、发表自己的意见……渐渐地，虽然经常在一起，却始终像一个局外人，没有和谐融洽的美妙心情，不能融进人群。

毫不夸张，这是一个大敌。在超过80%的人感觉自己是弱势群体的今天，必须清醒面对，及时扫除这个大敌。

怎么办？

一个在北京收废品的王大姐为我们做出了榜样。

王大姐是一个四十多岁的农村妇女，来自四川的一个乡村，在北京的一个小区以收废品为生。每天，她都是蹬着一辆三轮车在小区门口等候，或在小区里面转悠。遇到居民邀请就上门收购，没事的时候就在垃圾桶里淘废品……这一切，和在各地收废品的其他人没什么两样。

但是，王大姐似乎很有人缘，她经常转悠的小区里有很多居民记得她、信任她、喜欢她。不少居民碰到她就会笑着与她打招呼，有时候还会停下来与她说说话。很多人家里的废品也只卖给她。有时候积压的多了，也不会叫其他人上门，只等她来收购。有人看到楼道里有废物、垃圾，看到有人搬家，就会立刻给她打电话。

王大姐的人缘这么好，居民们这么喜欢她，为什么呢？

她为人很本分，买卖很公平，不会缺斤少两、不会顺手牵羊是一方面原因。不过，这样的人也有不少，但是，像她这样受欢迎的人却很少。四十多岁的农村妇女没有什么独特的魅力，也不懂什么人际关系技巧，却受很多人喜欢，还有更重要的原因：她在与居民们交往、做生意时，心态很阳光，坦坦荡荡地说该说的话、做该做的事，像对待自己村里的乡亲，没有自卑的表情，没有怯弱的表现。

无论在小区门口静候，还是在小区里面转悠，见到认识的人，王大姐总是笑容满面，老远就大声地打招呼。遇到陌生人打听收购废品的事，她总是热情地自我介绍自己的姓名，家乡，来这里几年了，手机号码，等等，毫无保留。

上门收废品的时候，如果发现一些不妥的地方，她会认真地提出来。发现饮料瓶里还有没喝完的饮料，她会认真地提醒卖废品的人，生活不容易，要节约，不要浪费。

有时候，居民家里有的东西觉得不值得卖，就会借下楼扔垃圾的机会把东西放到她的车上。此时，无论东西多少，王大姐都会给卖主钱。她说："亲兄弟明算账。你把东西扔垃圾桶里我不管，可是放在我这里我就得给钱。"

熟悉她的人觉得她不容易，有时候送她一些旧衣服，逢年过节的时候还有人送钱给她。她会笑呵呵地收下居民送的旧衣服，大声地说谢谢，但却坚决拒绝别人给的钱。她说："废品我收，钱我可不收。我自己劳动，一天也能挣三十多块呢。"

在居民家里收购的时候，经常有人要给她倒杯水喝，她不喝，而是捧起自己随身带着的水壶咕咚咕咚地来两口，有人盯着她的水壶看，她拍拍水壶乐呵呵地说："我这个水壶别看旧，可真不是收上来的，是我娃他爸从部队带回来的。"

有一次，王大姐遇到一个熟悉的居民，聊天的时候看到居民拿着在超市买回的麻辣烫底料，就说："哪天我让你尝尝我做的正宗的底料。"果然，几天后，王大姐专门在这个居民家门口等着，见到她后，笑嘻嘻地从包里拿出一个塑料口袋，"妹子，这是我自己做的麻辣烫底料，你尝尝。做之前我的手可是打过好几遍香皂呢，这塑料袋也是干净没用过的。"这个居民既开心又感动。

王大姐让居民们喜欢的原因还有很多。她收养了几只流浪狗、流浪猫，在垃圾桶里淘废品后会把垃圾归位，照顾生活困难的同行，等等。当然，居民们了解到这些，都有一个前提，王大姐与大家很熟悉、很亲近，没有什么隔阂。

就是因为这样的阳光心态，这个在小区收废品的王大姐很有人缘，不仅很快融入了自己的这个新空间，而且在小区里很受欢迎，简直就是小区里的一个"达人"。后来她离开北京回家乡了，小区里的很多人还很想她，经常在一起念叨她。

这就是挺起胸膛做人的榜样！草根一族、弱势群体，我们要向这位王大姐学习，与那些比自己身份地位更高的人相处时，要挺起胸膛，主动靠近，坦坦荡荡地交往，大大方方地沟通，尽量融入人群，为自己创造一个和谐的生活空间。不要给自己的心灵插一根锋利的"毛刺"，不要怯弱地回避，不要自我孤立成一个局外人。

即使自己确实很渺小，身边有人瞧不起你，也不要泡在自卑的漩涡里哀嚎，不要用自卑和抱怨来束缚自己的心。那只会使别人离你更远，不会赢得他们的尊重和友善。

人间心语

与那些比自己身份地位更高的人相处时，挺起胸膛，主动靠近，坦坦荡荡地交往，大大方方地沟通，尽量融入人群，为自己创造一个和谐的缘分空间。

放下架子，不要孤芳自赏

自卑导致的自我孤立，是和谐的大敌。另外，在这个繁杂多变的社会里，每个人都要面对一些比自己弱小的人，在某个环境里面处于位高权重之人。此时，处于相对强势的地位就会有另外一个和谐的大敌，同样很危险，需要清醒地面对，及时地清理。

一个著名企业家的心态和成就给了我们有益的启示。

创办于1963年的玫琳·凯化妆品公司是全球最大的护肤品和彩妆品直销企业之一，全球500强企业之一。这家公司不仅取得了傲人的业绩，而且团队氛围很浓重，公司上上下下都很热情、很融洽，是全美100家最值得员工工作的公司之一。这一切与创办人玫琳凯·艾施女士的谦恭之心密不可分。

玫琳凯·艾施女士创业前，曾在一家美容公司做业务员。有一次，在为期10天的巡回销售巴士中，她和另外57位美容顾问以车为家，日夜销售，为了追求大奖而努力不懈，非常辛苦。那个大奖就是——到公司总裁家做客。但是，后来变成到工厂参观，但她们最主要的目的是见总裁。当她们最后被邀请到总裁家时，却只被允许在玫瑰花园中走动，根本没有机会和他见面，真令人失望！为此，58个美容顾问都相当沮丧。

还有一次，玫琳凯参加了一整天销售讲习，有位销售经理做了一场激励士气的演讲，她很渴望和他握手。她在队伍中排了三个小时，好不容易轮到和他见面，但是那个经理却没有正眼看她一眼，只是从她的肩膀上望过去，看看队伍还有多长，甚至没有察觉到是什么人正在和他握手。虽然玫琳凯明白，这位经理很累，但是自己也是一样——在队伍中等待了三个小时，自己的疲惫并不亚于这个经理。因为这个经理根本没有看自己一眼，她觉得受到了伤害和侮辱。从那时起，她便下定决心：如果有一天人们排队来和我握手，我将给每一位来到我面前的人全心的关注，不管我自己是多么疲劳！

正是凭着这样的心态，创办公司之后，玫琳凯·艾施女士热情地面对身边的每一个人。尤其是面对自己的下属时，她始终热情洋溢。她曾多次站着同数百人握手，常常持续好几个小时。无论多累，她一直以自己当年受到的冷遇和伤感引以为戒，总是热情地对待每一个人。打起精神，保持微笑，直视对方的眼睛，还会设法同对方说点亲热话。

玫琳·凯化妆品公司每个月都有一批业务督导到达拉斯的总部参观，并接受培训计划。在此期间，身为董事长的玫琳凯·艾施女士会抽出一天时间和她们一起上课，还会邀请她们所有人到家中吃些茶点，而且是她自己烘烤的饼干。尽管后来公司扩大了，每次都有将近400名女士来接受训练，她依然坚持这样，乐于和大家在一起。因此，她不止一次听到她们说："玫琳凯，我从未吃过董事长亲手烘烤的饼干。"

热情洋溢的握手，邀请员工们到自己家里做客……玫琳凯·艾施女士就这样赢得了下属员工们的敬仰、信任、亲切、友好。而且，在董事长的实际行动的感召和影响下，玫琳·凯化妆品公司充满融洽的热情。毫不夸张，这种融洽的热情也是玫琳·凯公司的核心竞争力，是制胜的法宝。

企业老板在自己的下属员工面前，没有摆出高高在上的架子，没有孤芳自赏，而是热情随和，赢得大家的真心拥戴。不仅老板与员工都很开心，而且事业也做的很成功。

这是一个值得学习借鉴的事例，当然，不局限于事业，不局限于做老板的人。几乎每个人都可以从玫琳凯女士那里学到当自己处于强势地位时，与那些比自己弱小的人在一起时，要放下架子，热情友好地面对他们，不要孤芳自赏，更不要高高在上。否则，即使你没有恶意、冷漠的表情、懒懒的动作，也会向他们的心灵吹进阵阵阴凉的风，刺伤他们脆弱的心灵，让他们惶恐不安、伤心郁闷。即使经常在一起，即使他们不得不对你展开笑脸，那也是苦涩的笑、虚假的笑，他们的心会离你很远，越来越遥远，不会有和谐的乐章。

再看一个距离更近的事例。

一个红了很久的歌星对身边的人很友善，圈内圈外的口碑都不错。有记者采访时问她，为什么人缘这么好。她告诉记者一件事。

几年前，她已经红透了大江南北，更是家乡人引以为傲的红人，走到哪里都是鲜花和掌声，经常有一种飘飘然的感觉。渐渐地有点大腕脾气了，有时候会对身边人颐指气使，传出了一些有损形象的小故事。

一次，她抽空一个人回家乡看望父母，中学同学知道了，有人召集了一个同学聚会，晚上到一家酒店吃饭。她知道，自己肯定是聚会的主角，同学们肯定会要自己的专辑唱片。为了不让同学们失望，她准备了一叠自己的新专辑CD，还很认真地在封面上签了自己的名字，打算送给前来聚会的同学们。

聚会的时间快到了，她出门叫了一辆出租车。出租车司机问清了目的地后，就一言不发地开车，到哪里都是笑脸掌声的她不免有些失落，“难道他不认识我吗?”

到了酒店门口，车费是二十几元。她没有零钱，递过去一张百元大钞。恰巧司机手里也没有足够的零钱，没法找。她表示不用找了，可是司机不同意。她就拿出两张她签名的专辑：“这样吧，我用这两张我的专辑抵车费吧。”接着，她又问一句，“你不认识我吗?”

司机的回答大大地出乎她的预料：“认识，你是唱歌的吧，这次回来是看望爹妈?”然后，他将歌碟递回给她，说道，“不好意思，我不喜欢听歌，要不，车费就算了吧。”

这次经历让歌星明白，自己依然是一个普通人，不能把舞台上的光环带到日常生活中。此后，她很注意自己的言行，对身边的人都很友善，很少像以前那样对别人颐指气使，圈内圈外的人缘口碑都很好。

不管你是草根一族还是成功人士，当你经常要面对一些比自己弱小的人时，提醒自己，孤芳自赏、目无他人是指向他人的锋利“毛刺”——和谐的大敌。毕竟，红花还需绿叶配，你需要别人的真诚和友善来衬托。职位高一些，能力强一些，学历高一些，都不是用以炫耀的理由。

人间心语

与那些比自己弱小的人在一起时，要放下架子，热情友好地面对他们。否则，即使你没有恶意、冷漠的表情、懒懒的动作，也会向他们的心灵吹进阵阵阴凉的风，刺伤他们脆弱的心灵，让他们惶恐不安、伤心郁闷。

放松自己，不要敏感多疑

尽管事情过去了很多年，这些年也有许多恶性事件出现，但马加爵事件依然令人扼腕。

2004 年春季，云南大学的一个学生马加爵在自己的宿舍里面杀害了 4 个同学。命案一出，轰动全国，引起社会各界的广泛关注。

年纪轻轻的大学生面对朝夕相处的同学，为什么会这样残忍？人们期盼着答案。

马加爵被抓捕归案后，除了警方的审问，一些媒体也进行了采访和调查，探寻马加爵杀害同学的动机和原因。对于来自警方的审问、媒体的关注和调查，马加爵没有隐瞒。他多次对警方和媒体记者说，他把宿舍里的同学当朋友，可是那些人经常对其他同学说自己的坏话，把他的生活习惯、生活方式、个人隐私都说给别人听，还说他古怪。使得他在大学里面没有什么朋友，因此感到很绝望，他恨这几个同学。

真的是这样吗？

一个记者后来在校园里进行了深入的调查，他发现，没有什么人特别注意马加爵的生活习惯、生活方式，也没有什么人觉得他古怪。同学们只是说，他比较内向，不太和人交往，有时候脾气比较急。这样的性格特征很多人都有。马加爵经常感觉那几个同学在背后议论他、说自己的坏话，只是一种错觉，根源在于他太过敏感、多疑。

例如，其他同学聊天的时候向他这里看了两眼，他就认为是在说自己的坏话；看到几个同学在一起窃窃私语，然后爆发一阵笑声，他就觉得他们是在嘲笑自己；等等。渐渐地，他对几个同学的言行越来越敏感多疑，自己猜想的东西在脑海里越来越坚定，对他们的怨恨便越来越深，最后引发血腥惨案。

一个大悲剧揭示了一个朴实的道理：在人群里生活，面对别人的言谈举止，不能敏感多疑。否则，无端的联想会误会别人的言行，误导自己的心态和行动。轻者，心里纠结郁闷，与身边的人产生隔阂；重者，容易与别人发生矛盾冲突，甚至出现流血事件，制造惨痛的悲剧。

敏感多疑，是和谐的大敌！

毫不夸张，一群人在一起生活，每个人的言行都像一只在瓷器店里跳舞的大象，每个人的心灵又像一个个脆弱且敏感的瓷器花瓶。或许“大象”还没有砸碎什么东西，但是，“大象”的行为和体态已经让旁边的“瓷器花瓶”忧心忡忡、浮想联翩了。不夸张地说，大部分的“瓷器花瓶”——人的心灵，不是被“大象”——别人的言行所伤害，而是因为自己忧心忡忡、浮想联翩而倒下摔碎。就像悲剧事件的主角马加爵一样。别的同学并没有经常在他背后议论他、诋毁他，他自己却忧心忡忡、浮想联翩，最后心理崩溃了，导致惨剧发生。

扫除和谐的大敌，不要敏感多疑，不要瞎猜。听起来很简单，但一些人实践起来却并不容易。面对残酷的社会现实，个人无力改变，对身边人的言谈举止难免会有一点敏感和猜测。但是，要警惕这个和谐的大敌，需要努力控制自己的心态，没有证据就不要瞎猜。尤其是身边那些与自己朝夕相处的人，不要把他们看成是心怀叵测的恶徒，不要陷入“言者无意，听者有心”的错觉困境。否则，就像“惫”字的结构和意义所言，时刻防备别人，自己的心灵会受到重压而疲惫不堪。

“言者无意，听者有心。”流传数千年的俗语告诉我们，听到的人认为别人说出来的意思经常是与其事实相反。很多人容易敏感多疑，容易引发联想、产生错觉，会把别人随意说出的话当成针对自己的话，把没有恶意的东西猜测为故意伤害自己的东西。

事实上，除非已经有很深的矛盾，没有人总想着去嘲笑、攻击你。身边的大部分人和你一样，很普通，不会因为你有些地方不如他们就瞧不起你、故意欺负你。毕竟他们和你一样，有优点也有缺点，会因为自己的某些缺陷而感到不安，甚至会担心你瞧不起他们。

“以小人之心度君子之腹”不应该，很低级。同样，“以多疑之心度无意之言”也不应该，很愚蠢，只会给自己制造沉重的心理包袱，制造“敌人”。在人群里生活，身边的人会有各种言行，因此，一定要警惕和谐的大敌，不要敏感多疑，不要瞎猜。不要把别人随意说出来的话语、做出来的动作联想到自己身上，不要把正常的争论看成是对自己的嘲笑，不要凭猜测、想象来加深对别人的误解。要知道，他们不是为了嘲笑、攻击、诋毁你而活着。他们都有自己的生活，有很多自己的事。

人间心语

不要“以多疑之心度无意之言”，不要把身边的人看成是心怀叵测的恶徒，不要把别人随意说出来的话语、做出来的动作联想到自己身上，不要陷入“言者无意，听者有心”的错觉困境，

体恤别人，切莫任性

“谁，执我之手，消我半世孤独；谁，吻我之眸，遮我半世流离；谁，抚我之面，慰我半世哀伤；谁，携我之心，融我半世冰霜；谁，扶我之

肩，驱我一世沉寂。谁，唤我之心，掩我一生凌轹。”女孩翎子在QQ上留下这样的个性签名，很悲伤。

翎子年近30，是个剩女。因为相貌和身材都不错，走在街头的回头率很高，而且是个收入不错的白领，追求她的人从来就没有缺过。但是，断断续续谈了好几个男朋友，都是过不了多久就分手了。包括最近的小郑，谈了近两年，两个人都开始谈婚论嫁了，还是分手了。为此，翎子在自己的QQ空间里用六世达赖喇嘛仓央嘉措的一段诗表达自己的伤心。

为什么都分手了？为什么成了剩女？虽然每段恋情的情况不同，但翎子的任性无疑是导致她与几个小伙子从恋人变成陌路人的重要原因。

因为喜欢逛街，翎子经常要男朋友陪她。有时候，男朋友确实没时间，或是太累了，或是前两天刚逛了一个晚上不想再去，劝她过两天再去，或是找自己的闺密一起去。翎子就发脾气，“我就要现在去”、“我就要你过来”、“你不来我就一直在这里”，等等，弄得男友不得不赶过来。

翎子喜欢去酒吧，经常要男朋友陪她去玩。男朋友不喜欢那种嘈杂的环境，也不喜欢喝酒，不想去，劝她换一个地方玩儿。翎子不同意，“我就喜欢”、“你必须来”、“我偏要你适应酒吧”，等等，逼男友到酒吧陪自己喝酒跳舞。

准备谈婚论嫁时，小郑的父母在外地，约好趁国庆长假带翎子回家见见父母。国庆节前夕，小郑的父母已经做好接待准备了，翎子却突然变卦了，不去了，因为公司里几个人约她一起去云南广西一带旅游。小郑劝了好几次，翎子都不答理。“我就不去”、“我就想去玩”，一点儿都不考虑小郑一家的感受，弄得小郑很难堪，使小郑的父母很郁闷。

类似的事情还有很多，凡是追求过她的小伙子，开始都忍让着她。渐渐地，受不了了，争吵多了，最后便分手了。

翎子曾经质问小郑，“为什么要分手？”“以前说的是不是欺骗我？”

小郑痛苦地回答说：“我一直很爱你，没有欺骗你。但是，你太任性了，什么都想着自己，一点都不考虑我的感受，我怎么劝说都不行。如果只是很短时间，我可以忍受。可是，我们认识这么久，你一直没变，我也很难再忍下去。所以，我实在是害怕，真要在一起生活了，一天到晚都会吵架。你说，不分手，行吗?”

翎子的爱情路线，几乎都是这样。

任性，一根锋利的“毛刺”，直刺他人的心扉。很多人因为任性让爱自己的父母、情侣、朋友伤心郁闷，甚至撕心裂肺，使自己最亲近的缘分空间丧失了和谐，甚至失去了爱情、亲情。

任性，简单而言就是恣意放纵自己的想法愿望，不约束自己，而且要求别人必须按自己的愿望或想法行事，遭遇反对就情绪冲动、大发脾气。同时，抗拒、不服从别人的劝说、教导，拒绝别人的愿望和要求，别人苦苦劝说也置之不理。

任性，如此放纵，如此执拗，不计后果的暴戾，当然不是小问题。

冲动是魔鬼！随着郭冬临和牛莉合演的一个小品的走红，很多人都记住了这句话，并且很认同。这句话没错，冲动确实是魔鬼。不过，相对任性，却是小巫见大巫。毕竟，冲动经常是被诱发出来的，有原因。有时候是因为别人的错误而冲动，有时候是因为别人先冲动了、没有控制好自己的情绪而冲动。任性则不同，几乎没有原因，就是自己的心态出了问题。

任性就是唯我独尊，心里只有自己，不在意别人的尊严和需求，不会去想一想别人、理解一下别人。因此，尽管自己的选择、想法会对他人造成很大的伤害，也觉得很平淡。“有什么了不起呀”“我就想这样做”，让人很受伤、很郁闷。

任性还是目无他人，不管自己的要求多么荒唐，不管对方的心灵多么伤感，看到对方很痛苦、很伤心，还是“我就要”“我偏不”，等等，甚至乱发脾气，语气语调里面充满对他人的轻视、蔑视，不就是把身边的人视为垃圾了吗?

毫不夸张地说，任性是超级魔鬼，是和谐的一个大敌。而且，伤害的都是离自己很近、很亲的人。这样的超级恶魔，当然需要警惕，要及时扫除。毕竟，在自己的亲人、情侣面前，任性的本色容易爆发。在陌生人面前，会有所克制。

扫除这个和谐的大敌，首先不要说出“我不管”“我愿意”“我就要”“我偏不”“就是不行”等任性的代表语句。

无论是男是女，都要扫除这个和谐的大敌。尽管女同胞任性的更多、更厉害，但是，任性不是女性的专利。尤其是在今天，性别造成的性格差距越来越小，很多男孩子也愈发任性，经常刺伤自己的亲人、恋人。

人间心语

任性，是唯我独尊，目无他人，恣意放纵自己，不计后果的暴戾，就像一根锋利的“毛刺”，直刺亲友的心扉。让爱自己的父母、情侣、朋友伤心郁闷，甚至撕心裂肺，使自己最亲近的缘分空间丧失了和谐，甚至失去了爱情、亲情。

本章小语

“使人疲惫不堪的不是远方的高山，而往往是鞋里的沙子。”法国启蒙思想家伏尔泰的这句话很朴实、很有哲理。在漫长的人生旅途上跋涉，同样需要及时清理掉“沙子”，才能轻松地迈步前行。

不过，人生旅途上危害巨大的“沙子”不是一粒粒的小沙粒，而是心灵深处的错觉，是那些看不见的“毛刺”，是在人群中赢得和谐的大敌。如果你的心灵深处有几根偏激、孤芳自赏、敏感多疑、任性之类的“刺毛”，很容易伤害身边的人，使自己的生活空间里面失去和谐，被身边的人遗弃，总是在一群人的空间里孤独地生活、郁闷地纠结。

毕竟，人是感性动物，情感情绪会互相传染互相影响，你不能强迫别人一直哄着你。要在人群中好好生活，就必须清醒地认识这些“毛刺”的危害，拔掉它们，给别人陪你演绎人间喜剧的理由。

第四章　注意自己的日常言行

文凭的高度不如文明的程度，文明的程度尽在日常的言行！

一个名牌大学毕业的博士，虽满腹经纶，对身边的人总是冷冰冰的，还时常冒出几句恶言。一个普通大学的学士，才华一般，对身边的人总是笑脸相迎，谦恭礼貌，热情相助。

请问，谁会有更好的人缘？谁会有更多的朋友？

如果由你选择自己的合作伙伴，你希望自己身边的人是谁？

毫不夸张，除非别有用心，没有人会愿意与态度冷漠、言语粗鲁的人相伴，这样的人也不会有好人缘，不会有开心的人生。

产品的质量如何，从外观就可以看出来。个人的素质如何，亦是如此。学历高、知识丰富、能力出色，固然重要。但是，如果言谈举止经常引起身边人的反感，就得不到别人的好感，得不到欣赏和器重。反之，有良好的文明素养，并且在日常的言行中经常表现出来，即使学历不高、文化水平一般，依然容易赢得好感，得到欣赏和器重。

文凭的厚度，不如文明的亮度；文明的亮度，决定开怀的程度！要在人群中演好自己的人生大戏，必须注意自己的日常言行。

小事不小，需要在意

几年前，一本名为《细节决定成败》的书很畅销，引起了很多人的共鸣。虽然从战略层面上来看，方向、目标、策略比具体的细节更重要。但是，对于一件事，细节确实有决定成败的作用。许多事情的失败就是因为细节出错而导致的，而且，无数事例显示，许多重大事故的根源都是细节问题。

做事要注意细节，做人同样要注意小事，注意自己的日常言行。事实上，大部分人失败了，就是因为日常言行经常出问题，只是因为一些小事。

事例一

小范从家乡来到上海，通过中介与几个人合租了一套房子。虽然他没有什么坏心眼，过得却不开心。因为他在日常生活中表现不佳，太随意，经常惹得几个合租邻居生气，还与他们发生争吵。

在客厅里、过道里遇到合租的邻居，小范几乎都是一副冷漠的表情，对他人视而不见。别人主动向他点头、打招呼，他也很少答理，最多是冷冷地点一下头，好像别人打扰他了。

有时候小范在厨房里煮面条或速冻水饺，然后端出来在客厅里的餐桌上吃。吃完后，划拉一下桌子上的残渣就走人，桌子也不擦。尽管很少有剩下的残渣，点点滴滴的汤水痕迹却很清楚，他却总是置之不理。

小范有时候半夜会起来上厕所，本该轻手轻脚、避免打扰别人休息，他却像大白天一样，随随便便地开门关门、开灯关灯，经常把邻居吵醒，弄得邻居们的后半夜失眠。

他自己的一些脏东西很随便地放在厨房、客厅、卫生间、阳台这些公用地方，该清理的杂物也不及时清理，衣服晾干了也不及时收回去，经常弄得其他邻居很别扭。

就是因为这些小事，几个邻居对小范很有意见，对他很冷漠，有时候还会合伙对付他。因此，小范不仅上班压力大，回到自己的小窝也难以得到安宁，经常郁闷。

事例二

小刘毕业于一所名牌大学，喜欢读书，头脑也聪明，在同龄人中堪称学识渊博。但是，毕业后在广州、深圳漂了几年，总是换工作。虽然求职应聘的时候表现不错，很轻松便得到一份工作。但每到一家公司上班后不久，却容易招惹上司和同事的厌烦。因为，他的言谈举止太随便，经常让人反感。

例如，别人商谈工作的时候，他经常随便插话；别人埋头工作的时候，他经常无端去干扰。还有一次，他的上司和公司的一个副总经理在食堂里面一起吃饭聊天的时候，他也一声招呼都不打，就坐在两个人旁边，弄得两个领导莫名其妙。

就这样，尽管很多人欣赏他的能力，依然没过多久就把他辞了。

事例三

小顾在武汉的一所大学上了四年学，2007 年大学毕业。好不容易在深圳找到一份工作，但是，在他去办理报到手续时却被公司拒绝了。原因不复杂，就是因为他太随意，一点都不懂得尊重别人。

首先，小顾去报到之前，没有按照预先约定通知公司，在一天下午快下班的时间，小顾突然来到公司报到，使公司主管人员都无法给他安排宿舍。

虽然公司行政人事部的邓经理对小顾的突然袭击不高兴，但是，并没有将他拒之门外，打算让小顾到自己的单人宿舍去住一两个晚上，等安排好宿舍以后再让小顾搬出去。但是，小顾到了邓经理的宿舍里面时，身上穿着旅途征尘的脏兮兮的衣服却大大咧咧的一屁股坐在邓经理的床上，而且正好坐在邓经理早上收下来还没有叠好的一堆衣服上，他好像没有看到床上的衣服和旁边的椅子。

邓经理宿舍里面虽然有一张空床，但是没有东西。为了照顾旅途劳累的小顾，邓经理让小顾去吃点东西再回来休息，自己去为小顾找铺床的东西，帮小顾整理好床铺。小顾看看空荡荡的床，点点头，一声不吭就出去了。但是，一直到晚上十点多了，小顾还没有回来。邓经理担心出事，赶紧打电话找人，才知道小顾在与一个老乡一起喝酒，晚上不回来了。

就这样，第二天上午小顾来到公司办理报到手续的时候，迎接他的是自己的几件行李，还有邓经理的一句话："我们认为你不合适，不能接受你。"

无数事例告诉我们，小事不小，需要在意。事实上，生活、工作中的事，十之八九都是一些小事，却决定了别人的感觉、印象，决定了人与人之间的关系。在公共空间乱扔垃圾、制造噪音、随便吸烟，乱动乱用别人的东西，臭烘烘的脚凉着，脏兮兮的鞋袜摆着，等等，虽然是一些小事，对别人的影响不小，给自己招来的麻烦却很多。如今，"有文凭没有文明"已经成了社会各界对年轻人批评最多的语句，值得重视。毕竟我们是在人群里生活，与身边的其他人在一起，需要关注自己对别人的影响、留给他们的印象，需要注意自己的言谈举止。

小事不小，需要在意。注意自己的日常言谈举止，要警惕自己的人性弱点。

例如，在公共环境里面吸烟的人，自己觉得屋子里面有点烟是小事，不会熏到别人。但是，讨厌烟味、反感二手烟的人会很难受。只不过吸烟者把其他人的难受感觉缩小了很多，对他们的痛苦麻木不仁，所以不觉得严重，不在意对其他人的影响。

请记住，你不能强迫别人尊重你、喜欢你，只能尽量通过日常言行给身边的人留下好印象，避免给他们留下不良的印象。为此，你可以不像绅士、淑女那样举止优雅得体，但是，不要粗鲁地在人群里游荡，不要随意给身边的人制造别扭和痛苦、麻烦和负担。否则，得到的是厌恶的眼神、怨恨的私语。严重的，还会给自己树敌，使自己的人生旅途充满“高墙”和“陷阱”。

小事不小，需要在意。其实，一千多年前，诸葛亮就向世人提出了警告——勿以恶小而为之，勿以善小而不为。如果你还没有记住这句话，请尽快清醒，尽力摆脱自己的人性弱点，重视自己的日常言行，给身边的人留下好印象。

人间心语

勿以恶小而为之，勿以善小而不为。

言行有度，保护别人的尊严体面

2010 年夏天，一件事引起了几亿人的关注。更具体地说是引发众怒。

据报道，2010 年 6 月的一天，福州一家酒楼里，一间包房里的一名女顾客——一名大学教师要负责该包房的服务员王云云拿一包纸巾来。王云云没有及时拿来，女顾客不高兴了，拉住王云云质问她为什么不拿纸巾，并要求她鞠躬道歉。王云云解释说包房太吵没听见，没有向女顾客道歉，就跑去拿纸巾了。

这位女顾客很生气，她声称，要是王云云不鞠躬道歉，就不埋单。因为酒楼有规定，包房服务员对包房顾客的餐费负责，要是出现逃单或不埋单的情况，服务员要全额赔偿。当晚包房里的客人有两桌人，消费近 3000 元，王云云一个月工资只有 1100 元，才工作几个月，怎么赔得起？自然，王云云赶紧向女顾客鞠躬道歉，鞠了多次。但是，这位女顾客还是不满意，也不埋单，拉着一拨人径直往门外走去。

这些顾客走出门口，王云云跟了出去，在门外反复哀求无果后，王云云流着泪，跪在了这个女顾客面前求情。至此，这个女顾客才回到前台结账。

事后，王云云的父亲王先生知道了，他很生气，带上女儿赶往女顾客所在的大学，向她讨说法。开始，这位女教师态度很强硬，拒绝道歉，还称酒喝多了，自己没错。随后，王先生拨通了该校保卫处的电话，在保卫处的调解下，女教师才勉强道歉。

媒体将此事曝光后，社会上一片哗然，对这位女教师的批评指责不绝于耳。尽管她只是一所大学的一名普通教师，没有吃霸王餐，也没有殴打、猥亵服务员，而且事后已经向服务员及其父亲道歉，还可能向服务员赔偿了一些精神损失费。但是，依然招来媒体大量的批评，还有全国各地成千上万的网民在网上的炮轰。因为，她的言行过分了，尽管没有恶意，却伤害了服务员王云云做人的尊严和体面，也给自己带来了厄运。

做人的尊严和体面，实在太重要了。因为，人性最深切的渴望，就是得到别人的尊重，拥有做人的体面和尊严。每个人都很在意他人对自己的态度，得到他人的尊重，拥有尊严和体面；如果感受不到对方的尊重，失去了做人的尊严和体面，轻者伤心痛苦，冷漠相待；重者记恨在心，怨恨、敌视，找机会报复，甚至报复社会。

如华盛顿希望别人称他是至高无上的美国总统；哥伦布向皇家请求获得“海洋大将”和“印度总督”的名衔；俄国女皇凯撒琳拒绝拆阅没有称她“女皇陛下”的信件。尽管名望很高，他们依然渴望得到与身份相符的尊严与体面。

再看中国的城管，他们是维护城市环境、保障居民生活的执法机构，本来应该得到市民的热烈拥护和爱戴。但是，却不断引发众怒，在许多人眼里是野蛮的暴力。因为，很多城管人员在执法的过程中太粗鲁、粗暴，伤害了很多弱势群体做人的尊严和体面。

事例一

前苏联宇航员加加林，世界上第一个进入太空的的宇航员。他的综合素质在同一批20 多个宇航员中并不突出。但是，他有一个习惯，每次进入飞船训练的时候都把鞋子脱下来，只穿着袜子进入飞船，而其他人则没有。

为此，他给飞船的主设计师罗廖夫留下了很好的印象，主设计师觉得这个小伙子很尊重他的成果，感受到更多的尊严和体面。因此，他决定由加加林执行人类第一次进入太空的飞行任务。

事例二

小王、小赵、小李三个人合租一套房子，小王经常为某件小事与小李争吵，但是，对小赵很好，会让着小赵。因为，小王每次根据分工拖客厅的地板的时候，小赵都会注意，看到地板刚拖好、还有点湿，就尽量不到客厅，实在要出去也会注意自己的脚步。小李却总是视而不见，随随便便走来走去，经常在小王刚拖好的地板上留下一大片脚印。

因此，小王觉得小赵尊重自己的劳动，小李不尊重自己的劳动，伤害了自己做人的尊严和体面。自然，对他们的态度很不一样。

做人的尊严和体面，就是这么重要。在人群里生活，要懂得尊重身边的人，注意自己的言行，不要伤害他人做人的尊严和体面。否则，即使不会像女教师那样引发众怒，也会引起他人的怨恨。

注意自己的言行，保护别人的尊严和体面，其实并不难。将身边的人当成与自己平等的人来对待，尊重他们的人格，不要利用自己的某种权力、某种资源来骚扰他们，不要占人家的便宜。与他们相处或打交道时，控制好自己的情绪和言行，不要摆出一副唯我独尊的老爷相，不要粗鲁粗暴，不要冷若冰霜，不要嘲笑挖苦。对他人热情一些，认真一些，细心一些，耐心一些，也就足够了。

关于保护别人的尊严和体面，有两个人物的事例值得我们学习借鉴。

①周总理拒绝打伞

1955年春天，周总理率中国代表团参加万隆亚非会议。会议期间，他住的房子外面总是围着许多当地的华侨群众。他们从早到晚守候在那里，等待与周总理见面。

有一天，周总理从会场回来，天上突降暴雨。他见到在别墅外等候的100多人都没打伞，自己也拒绝打伞，冒雨和大家一一握手问好。那些华侨看到周总理这么尊重他们，都哭了起来，哭声比雨声还大！但是，这震撼人心的哭声包含的不是悲伤，而是感动！

②李嘉诚的待客之道

一天，李嘉诚去参加公司的宴会。他不是像很多人想象的名流那样等时间到了再慢吞吞地出现、接受别人的鼓掌欢迎，而是提前来到电梯门口恭迎其他人。

参加宴会的人来了，李嘉诚不因为自己是名人就随意对待他人，他没有怠慢别人，而是和普通人一样，主动与陌生人交换名片。

要合影了，谁站什么位置；吃饭的圆桌上，谁坐在哪个位置容易出问题，经常会弄得大家不开心。为了让大家避免误会和不愉快，李嘉诚让助手拿出一些纸条，写好位置，大家抽到哪个位置就站在哪里，然后合影。吃饭坐在哪个座位上，也是如此。

因为有三桌客人，李嘉诚只能停留一个小时，于是他没有固定坐在一个位置上，而是每张桌子上坐20分钟，然后换一张桌子。就这样，30来个朋友都感受到了李嘉诚的亲和，与李嘉诚同桌共饮，感觉很愉快。

“我坚决反对你的意见，但我誓死捍卫你发表意见的权利。”这是法国启蒙思想家伏尔泰留给世人的一句名言，对如何尊重他人作出了一个很好的诠释。即使面对的是你反对的、厌恶的人，也要保持这样一个底线，给别人尊严和体面，不要恶言相向，不要辱骂对方，不要用歧视的表情动作对待他们。

关于给别人尊严和体面，有几个细节需要注意。

招呼对方时，尽量叫出对方的姓名，不要居高自傲、盛气凌人地来一句“喂”。

当你与别人对话的时候，不要左顾右盼，语气里不要显得满不在乎，不要简单地以“嗯”“啊”“哦”地应付别人。

调换电视频道、打开窗户、转动电风扇，等等，与身边的人有关之事，行动之前要询问一下身边的人，不要随心所欲地行动。

不要像呼唤奴隶一样粗鲁地对待身边的人，更不要说出侮辱人格的话，例如，“废物”“贱人”“傻瓜”“找死”“欠揍”之类，即使你是他们的老板、上司。

不要用一种鄙视的眼神盯着别人，不要嘲讽他们，不要说出嘲笑、攻击别人形象上的弱点和缺陷的话，例如“小矮个”“大胖猪”“太平公主”“电线杆”“秃子”“罗圈腿”之类，即使他们很弱小。

不要说出带有粗鲁字眼的脏话，不要说出嘲笑、攻击别人身份、家乡等方面的话，例如“乡巴佬”“穷鬼”“穷乡僻壤”“山沟里”“穷山恶水出刁民”之类。

当你需要别人让开一点的时候，礼貌地发出你的信息，说一句“请让一下”。不要粗鲁地喊一声“走开”“让开”，更不要冒出“滚开”之类污辱人的词句。

当别人认真地为你提供了服务、配合、协作的时候，认真友好地看着他们的眼睛，微笑地说一声“谢谢”，即使你花了钱。

有意见时认真地提出来，批评人的时候要严肃平和，只要他们不是故意的违法犯罪行为，就不要太计较，不要恃强凌弱。不要趾高气扬地叫骂，不要侮辱他们的人格，即使你确实有理，对方确实有错。

男人与异性在一起的时候，不要骚扰她们，不要违背对方的意愿去亲近她们的身体，不要用威胁的语气和手段强迫她们。

……

一句粗心的话、一个粗鲁的动作可能会引起冲突，甚至会毁灭一个生命！做人的尊严和体面，就是这么重要。这是每个人发自内心的渴望，也是人际关系和谐的基础。毕竟人间如同镜子，尊重别人，才能赢得别人的尊重；维护别人的尊严和体面，自己也会得到尊严和体面。反之，伤害了别人的尊严与体面，自己也不会有好的回报。

须知，如果你把自己的快乐建立在伤害别人的尊严和体面之上，别人就很可能把你的痛苦作为自己的快乐来源，并为之而努力。

人间心语

人性最深切的渴望就是得到别人的尊重，拥有做人的尊严和体面。要在人群里潇洒自在地生活，就要注意自己的言行，不要伤害别人的尊严和体面。

礼貌有价，守护缘分不可少

我们都是普通人，每个人都渴望被人尊重、重视和善待，不愿意被别人怠慢、轻视，并且，会自然而然地做出相应的回应。如果面对的是一个对自己傲慢无礼的人，心里会不舒服，会有怨气，会对他的印象大打折扣，自然不会给对方好的回报。因此，无论何时何地，无论什么样的环境，没有礼貌的人都得不到别人的好感，难以得到别人善意的回报，到哪里都不受欢迎。

事实上，礼貌待人，与保护别人的尊严和体面一脉相承，是和谐的基础。与人相处、交往，无论熟悉还是陌生，礼貌必不可少。

可惜，不少人缺乏礼貌意识，不知道礼貌的价值，忽视了应有的礼貌，随随便便地对待身边的人，不知不觉中给他们带来伤害，并因此引发对自己的伤害。

事例一

一天，文员小吴正在工作，设计部的同事小柳走过来对她说，要给她一份效果图资料，还想对她说明一下。小吴只是盯着电脑，脑袋都没有转过来看小柳一下，只是冷冷地说了一句："放下吧。"小柳气呼呼地走了。

几天后，小吴要用小柳的那份效果图资料，在查看的时候发现有些不明白，就去问小柳："这里不用再放效果图了，太多了，会重复吧?"

小柳没有解释，只说了一句话："案例就是那个呀！你放呀！"语气很重，按小吴的说法，"强烈，像重锤!"

小吴还想沟通一下，小柳却很不耐烦，气呼呼地说："就这样呀!"

小吴强压怒火，说："你为什么这么凶啊，我不过是在和你沟通这个问题!"

小柳站起来，语气还是那样："就是这样的呀，有什么要沟通的，你看不懂吗!"说完之后，转身离开了自己的座位，不理小吴了。

事例二

小芳在北京的一所大学毕业后，费了很大劲在北京找到一份自己满意的工作，在一家公司的一个部门里面做文员。但是，很快就被辞退了。

上班的一天，她拿着热水瓶去电开水炉那里打开水的，一个中年妇女从另一间办公室出来，手里拿着一个水杯，两人同时到了电开水炉那里。小芳一声不吭，抢先一步，打完开水后转身就走。那个手里拿着水杯的女士叹息一声："怎么这么没礼貌!"

不到一个月，试用期还没有结束，小芳就被辞退了。因为，那个在电开水炉旁与小芳相遇的女士是公司的财务总监，她发现小芳是公司的新员工后，在一次会议上谈到自己的那次经历，要求人事部做好新员工的招聘和素质培训。人事部经理因此注意到小芳，仔细观察了一段时间，发现小芳的言谈举止确实不佳，待人接物缺乏基本的礼貌，几个老同事都看不惯她。因此，把她辞退了。

事例三

一天下午，小伟、大力等几个大学生正在教室里自习。大力把自己的书包往小伟身边一放，对小伟说自己要去一趟校外，然后直接回宿舍，要小伟回宿舍的时候帮他把书包带回去。小伟点点头，答应了。

快到吃晚饭的时间了，小伟背着自己的书包，拿上大力的书包与几个同学一起离开教室回宿舍。到了宿舍一看，大力已经回来了，小伟就将大力的书包递给他。但是，大力没有接，只是随手指了一下自己的桌子，说："搁那里吧。"然后就自己出门去吃饭了。

为此，小伟很郁闷。大力的书包挺沉的，自己辛辛苦苦帮他把书包带回来了，一个谢字都没有，接都不接一下，好像自己欠他什么、该帮他一样。

"以后不帮他了！"小伟对身边的另一个同学说。

类似的事例还有很多。很多人的脑袋里面缺这根弦，不懂得别人的正常需求，不注意别人的感受。因此，对人没有礼貌，言谈举止简单粗鲁、语气强硬、动作僵硬、笑容奇缺。即使无心也让身边的人产生了误解，对他们的心灵造成了伤害，进而引发对自己的反击、报复，使自己受伤。

要在人群中活得潇洒自在，礼貌不可少，无论身边的人是熟悉还是陌生。为此，心态要端正，不要不在意小小的表情、动作、语气、语调，更不要把随意的无礼当成潇洒的酷。

酷，是很热门的一个词，代表前卫、与众不同。很多年轻人都喜欢酷，经常通过一些装饰、言语来展示自己的酷。因此，一些人对长期流传的一些传统文化不在意，认为那是"老土"，不愿意遵循"老土"的行为准则。

每个时代都有一定的时代特征，每个时代的人都有与上一代人不同的特征，这很正常。否则，人类社会就会徘徊不前，人类恐怕就只能生活在旧石器时代。因此，年轻人追求时尚、追求酷，不喜欢"老土"，很正常。但是，人类社会的基本准则必须遵循，不能违背，不能丢失。否则，就不是进步，而是素质低劣。但是，很多年轻人的脑袋里面就缺这根弦，把随意的无礼当成潇洒的个性，当成是自己的酷。别人有意见、提出批评了，还振振有词，“我就不管你那套”“我就这样”。说轻一点，那是幼稚、不成熟；说重一点，那是不会做人。

请记住，礼貌是人际关系的润滑剂，能够滋润心灵，减少误解，增进友好。如果你不希望自己的身边充满伤心和怨恨，就不能散漫随意、粗鲁无礼。因为，这不是潇洒，不是酷，是劣性，会摧毁心灵需要的润滑剂。须知，个性的成功在于能吸引人，而不是排斥人。如果你的“潇洒”个性让很多人厌恶你、抛弃你，你的个性就很失败。

即使天天在一起，也不要忘了基本的礼貌。毕竟，0与0不同。一句热情的“谢谢”，一句开心的“不客气”，抵消了，结果是0；一张冷冷的脸，一个冷冷的转身，什么都没有，结果是0；二者都是0，但是，效果完全不同。因为，人是感性动物。

不过，具体的态度和方式没有标准，可以根据关系的亲疏来调整，只要不是随随便便、冷漠粗鲁就行。陌生的、关系比较疏远的，庄重一些；熟悉的、关系不错的，热情一些；关系很好的，幽默一些，来点搞笑的小动作也可以。

相遇的时候，脸上带点笑容，点点头打声招呼，不要面无表情、视而不见，更不要冷若冰霜。

称呼的时候，热情地叫出对方的姓名，或是职称，还有他们接受的外号，不要总是随随便便地“喂”“嗨”地招呼人。

沟通的时候，眼睛看着对方，不要头都懒得抬一下、转一下。语句不要太简短，不要像发电报一样节省字眼。

不小心影响别人了，诚恳地说声“对不起”，即使你是无意的，即使没有伤到他们。不要表现出好像什么都没有发生的样子。

有人帮助自己了，一定要主动、热情地说一声“谢谢”。即使他们好心办错事了，或是没有帮到你什么，只要是有心帮你的，你都应该表示感谢。而不要无动于衷，冷冷地对待他人的好心。

需要注意的还有许多。尤其是面对那些弱势群体，面对那些身份、地位、财富等方面不如自己的人之时，更要有礼貌。不要对他们爱理不理，言谈举止中不要流露出轻视、鄙视。

人生最大的悲哀是冷漠的沟通！要避免自己经常遭遇这样的悲哀，礼貌不可少，无论面对的是熟悉的朋友还是陌生人，这是必须的润滑剂。

人间心语

礼貌是人际关系的润滑剂，能够滋润心灵，减少误解，增进友好。傲慢漫随意、粗鲁无礼不是潇洒，不是酷，是劣性，会摧毁心灵需要的润滑剂。

隐私很私密，尽量远离

一位少年去拜访一位年长的智者，少年问智者："我如何才能成为一个自己愉快，同时也能给别人带去愉快的人呢?"智者觉得这个年少的孩子有这样的愿望，很难得，就送给他四句话，包含着朴实而精妙的人生哲理，可以终身受益。

第一句话：把自己当成别人。

第二句话：把别人当成自己。

第三句话：把别人当成别人。

第四句话：把自己当成自己。

其中，第三句话"把别人当成别人"，意思是说，要充分地尊重每个人的独立性，不要侵犯他人的核心领地。

尊重别人的独立性，不要侵犯他人的核心领地，确实很重要。只有这样，才能避免引发他人的恐惧、担心、反感、反击，不会为自己制造人生旅途上的陷阱和障碍。最基本的做法，就是尽量远离别人的隐私。

隐私，即不愿意告诉别人的私人信息，通常是涉及到个人的利益、情感、健康、家庭成员、个人行为等方面的信息，事关个人的尊严、面子、利益，不便告诉别人。不管是什么人，都有一些个人隐私。即使是自己的父母、兄弟姐妹，即使是能互相倾诉心事的铁哥们儿、能一起流着眼泪说私房话的闺中密友，每个人依然有一些隐私，不想让对方知道。如果有人擅自闯入，探秘自己的隐私，我们就会恐慌、生气。

形象一点来看，隐私是个人内心深处的私密堡垒，属于自己一个人，守护着自己的尊严和利益。一旦这个堡垒被别人闯入，失去了守护神，如同赤身裸体暴露在众人面前，人们便会缺乏安全感，陷入恐慌之中。为了守护自己的尊严和利益，为了反击对方的侵入，还可能采取行动来报复。

而且，个人的隐私受到法律保护。如果没有得到对方的允许，去偷窥、打听别人的隐私，甚至将别人的隐私公开，这种行为不仅是错误的，而且违法，侵犯了别人的隐私权。即使是父母，也不能随便私拆孩子的信件，不能私自翻看孩子的日记，因为这是孩子的个人隐私，不能侵犯。

因此，在人群里生活，要把别人当成别人。即使你们经常在一起，彼此之间的关系不错，也要注意，不要闯进别人的隐私地带。不要探秘，更不要将别人的隐私公开，或作为嘲笑、讽刺的依据。否则，可能造成恶果。发生在校园宿舍里的一起凶杀事件，就是一个悲剧例证。

2009 年 11 月 14 日凌晨3 时刚过，吉林农业大学06 级学生郭力维用尖刀将同宿舍的同学赵研杀死。赵力维之所以如此凶残地杀害朝夕相处的同学，是因为赵研与他有矛盾，并经常找机会骂他。就在出事的前几天，两个人在宿舍里，赵研在玩魔兽世界的游戏，他在游戏里扮演的角色被游戏里的盗贼杀死了，因此辱骂盗贼，并称练盗贼的人肯定都有心理疾病。恰巧郭力维的角色便是盗贼，郭力维便生出了杀死赵研的念头。

尽管直接起因是辱骂，矛盾的根源则是郭力维侵犯了赵研的个人隐私。

赵研身体有个缺陷，睡觉时经常打呼噜，声音很响，会影响其他同学休息。一天晚上，郭力维趁赵研睡着了，用手机录下了赵研打呼噜的声音，拍下他睡觉时的照片，然后用电脑编辑成视频，上传到学校的校园网上。按郭力维的话说，“其实就是想跟他开个玩笑，也算是对他打呼噜影响自己休息的警告。”

但是，个人隐私被侵犯，引起很多同学的关注，还有很多的嘲笑，赵研自然很伤心、很生气。而且，郭力维也没有道歉，因此两个人就开始互相较劲了，经常磕磕碰碰。渐渐地，矛盾越积越深，一点儿火星就会点燃，最后引发惨痛的血案。赵研还没离开校园，就离开的人间，留下把一切希望都寄托在他身上的父母。郭力维也因此付出了惨重代价，被判死刑缓期2年执行，并赔付被害人家属经济损失人民币27万元。

多么惨痛的教训!

当然，探秘别人的隐私，未必引发血案，但是，彼此之间的关系一定会受到伤害。

因为偷看对方的手机短信、通话记录，夫妻之间的信任失去了，隔阂出现了，距离越来越遥远了。

因为偷看同事的QQ聊天记录，原本关系不错的同事，彼此的信任失去了，关系渐渐地僵了，互相警惕了。

因为说出了老同学的青春故事，老同学愤怒了，骂人了，不再答理他了。

因为探秘，发现了同事不愿意公开的身体缺陷，同事郁闷了，怨恨了，经常在上司和其他同事面前说他的坏话。

……

无数事例证明，侵犯他人的隐私，没有什么好处。也许会有一点儿炫耀的资本，因为自己比别人知道得更多；也许会有一点儿要挟他人的资本，因为自己掌握了他人不愿意公开的东西。但是，这点儿资本会使人失去更多，会引发他人的反感、反击，给自己背上沉重的心理包袱，付出很大的代价，得不偿失。甚至会遭遇他人的强烈报复，引发惨剧。

还有，其他人知道你喜欢探秘别人的隐私，喜欢炫耀自己的探秘本领，还敢把你当成交心的朋友吗？随着这个“探秘高手”的美名不断传播，你身边还会有真心朋友吗？

因此，即使你没有恶意，只是出于好奇、搞笑，甚至是关心，也不要侵犯他人的核心领地，不要侵犯他人的隐私。要充分地尊重他人的独立性，把别人当成别人！

把别人当成别人，不要侵犯他人的隐私，很严肃，也很简单。

别人的私人物品、书本资料，不要随意翻看；

别人电脑里的文件资料，不要随意浏览；

别人不愿意说的事，不要问个不停；

不要随意拍摄别人，更不要偷拍别人不适合公开的地方、行为；

关系亲密的亲朋好友告诉你的私事，给你看过的私密资料、照片、视频，不要告诉其他人；

偶然发现了别人的隐私，不要声张，更不要故意传播；

别人在 QQ 上聊天，接打电话的时候，不要静悄悄地站在他的身后；

……

谁都有自己的一些隐私，在人群里面生活，要热情友好地面对身边的人。同时，要把别人当成别人，保持一定的距离，不要去探秘别人的隐私。

人间心语

充分地尊重他人的独立性，把别人当成别人！即使你没有恶意，只是出于好奇、搞笑，甚至是关心，也不要侵犯他人的核心领地，不要侵犯他人的隐私。

杂事是责任，及时做好

小齐和小娜是一对婚龄两年的夫妻，孩子 1 岁。小娜离婚的原因是："老公一下班就打游戏，不做饭，不洗碗，我过不下去了。"

原来，两人都是家中独子，婚前都是"衣来伸手，饭来张口"。婚后两人单住，孩子由父母带，两人都不会做饭，每天不是在双方父母家蹭饭，就是在饭馆吃；衣服堆成山，泡方便面的碗摞了一个又一个。后来虽然开始在家里做点简单的饭菜了，两个人却经常因为做饭、洗碗等小事争吵，没完没了地吵。最终，因为这些小事的争吵发展为赌气、对骂、抓扯，最终导致离婚。

2011年03月13日，《三秦都市报》的一篇报道《80后夫妻因洗碗起争执起诉离婚》揭示了一个很普遍的悲剧现象，同时告诫我们，要重视身边这些杂七杂八的小事，别让这些小事变成摧毁情缘的炸弹。

文凭的高度不如文明的程度；文明的程度，表现在日常的言行中。在人群里面生活，需要及时尽到自己的一份责任，做好自己该做的杂事。否则，杂七杂八的小事，谁都不动手，都指望别人，只能是纠纷不断。

及时做好杂七杂八的小事，不仅是在家里做家务活。在一群同事公用的办公室里，在几个人合租的屋子里，在宿舍里，都要重视自己的责任，及时做好自己该做的小事。包括规定好的、没有明确规定的，都要主动去做，及时做好。这样才能减少别人对自己的意见和不满，消除纠纷发生的隐患。

在人群中生活，要及时做好该做的杂事，不仅是尽自己的一份责任，也是与身边的人和谐相处的需要。因为我们都是普通人，都有正常的自私心态，自己的利益与感觉最重要，谁都不愿意吃亏，渴望公平、公正。几个人在一起的时候，都有一种等价交换的意识，会关注自己的付出与回报，会用自己的眼睛来观察，用自己的判断标准来评估。只有觉得自己和别人在付出和收获方面基本平衡，才会心理平衡，才不会出现大大小小的“炸弹”。

虽然每个人评估的结果可能不一样，但是，差距不会很大。用几句耳熟能详的话来形容，“群众的眼睛是雪亮的”，“公道在人心”。

因此，在家里，在宿舍，在办公室，在合租屋，在车间……夫妻之间，同事之间，同学之间，邻居之间……皆如此。经常在一起相处，每个人都要付出一些，同时享受别人的辛苦奉献。此时，每个人对自己的付出与收获、别人的付出与收获都很敏感，有意无意间会对比，会评估。如果有人做的多、有人做的少，却长期在同样的环境里生活、工作，享受同样的资源，勤快的人会觉得不公平，产生不满情绪，做事的热情也会降低。渐渐地，该做的事情没有人做，争吵却越来越多、越来越激烈，共同拥有的空间变成了垃圾场，身体呼吸的空气和心灵呼吸的空气都很脏。

杂七杂八的小事，需要主动做好。可惜，不少人都没有重视自己的这份责任，眼睛里面没有责任，只有自己的随意和舒服，总是偷懒，只享受别人付出的辛苦，自己却不愿意为别人做一些事。弄得身边的人很委屈、很心酸、很气愤，于是便种下了悲剧的种子。

要避免在人群中演绎一幕幕争吵斗气的悲剧，就要重视自己的责任，及时做好自己该做的小事。无论是有约定、已分工的事，或是轮流值日等已安排的事，或是自己应该承担的事，都要及时行动，认真地做好。最基本的就是烧水做饭，洗碗洗锅，买米买菜，扫地拖地，清理垃圾，修理家电，清洗衣服床单，刷洗卫生间，打开水，擦窗户，等等。有分工、有安排的要记住，不要拖延不要遗漏，更不要找理由置之不理。没有安排没有分工的，要注意观察，主动承担。不要忘了自己有这份责任，不要总是看着其他人做，自己却在一旁逍遥。

及时做好自己该做的事，承担起自己的这份责任，不要逃避，给身边的人留下好印象。毕竟，大家都是普通人，都会算计自己的得失。在责任面前无理、懒惰，身边的人不会傻傻地继续为你奉献，要么抗争，要么一起懒，上演的都是悲情戏。严重的，会摧毁自己的一段缘分，把自己带进孤独和失败的深渊。

人间心语

做好自己该做的事，是天经地义的责任。在责任面前无理、懒惰，身边的人不会傻傻地继续为你奉献，要么抗争，要么一起懒，上演的都是悲情戏。

管好嘴巴，以绝后患

圣菲利普是16世纪深受爱戴的罗马牧师，富人和穷人都追随他，贵族和平民也都喜欢他，这一切都是因为他善解人意。

有一次，一个年轻的女孩来到圣菲利普面前倾诉自己的苦恼。圣菲利普明白了女孩的缺点，其实她心地不坏，只是她常常说三道四，喜欢说些无聊的闲话。这些闲话传出去后就会给别人造成许多伤害。

圣菲利普说："你不应该谈论他人的缺点，我知道你也为此苦恼，现在我命令你要为此赎罪。你到市场上买一只母鸡，走出城镇后，沿路拔下鸡毛并四处散布。你要一刻不停地拔，直到拔完为止。你做完之后就回到这里告诉我。"

女孩觉得这是非常奇怪的赎罪方式，但为了消除自己的烦恼，她没有任何异议。她买了鸡，走出城镇，并遵照吩咐拔下鸡毛。然后她回去找圣菲利普，告诉他自己按照他说的做了一切。圣菲利普说："你已完成了赎罪的第一部分，现在要进行第二部分。你必须回到你来的路上，捡起所有的鸡毛。"

女孩为难地说："这怎么可能呢？风已经把它们吹得到处都是了。也许我可以捡回一些，但是我不可能捡回所有的鸡毛。"

"没错，我的孩子。那些你脱口而出的愚蠢话语不也是如此吗？你不也常常从口中吐出一些愚蠢的谣言吗？你有可能跟在它们后面，在你想收回的时候就收回吗？"女孩说："不能，神父。"

"那么，当你想说些别人的闲话时，请闭上你的嘴，不要让这些邪恶的羽毛散落路旁。"圣菲利普说。

这是一个流传很广的故事，名为《捡起地上的鸡毛》。聪明的牧师圣菲利普用“捡起地上的鸡毛”这么一个难题让世人明白，在背后说三道四、议论别人，说一些无聊的、攻击别人的话，传出去后就会给别人造成伤害，反过来也会伤害自己，伤害自己的缘分空间，造成难以收拾的被动局面。

确实如此，不要在背后议论别人的是是非非，这是做人的一个基本道德。是尊重别人，也是尊重自己；是保护别人，也是保护自己。因为，即使你没有恶意，也会因为了解不全、认识局限、个人喜好等原因产生错觉、偏见，说出的话、发表的议论，不由自主地偏离真相，或是以偏概全，传出去后会导致恶果。许多人就是因为舌头太长，在背后议论别人、攻击别人，招来了怨恨和报复，从而失去了朋友，招来了敌人。

但是，谁人背后无人说，哪个人前不说人？完全杜绝谈论别人，身边有人提到大家都熟悉的人时保持沉默、一言不发是不可能的。而且，有时候议论一下自己的朋友、同学、同事也是一种关心，不仅没有恶意，也不会有恶果。

事实上，我们要的不是绝对沉默，而是不要在别人的背后不断地揭短，不要信口雌黄、无事生非，不要将自己的猜疑当成事实那样来发布，更不要将自己对他人的不好印象添油加醋地宣泄出来。

一句话，不要在背后胡说八道。不愿意当面说的话，不敢当面说的话，不要在背后说。做到了，你就远离了“一地鸡毛”带来的困境，不会给自己制造怨气冲天的敌人，不会莫名其妙地遭受反击。而且，不会给别人留下品行不端、信口雌黄、当面一套背后一套的小人印象，不会失去别人的信任和友善之情。

人间心语

不愿意当面说的话，不敢当面说的话，不要在背后说。做到了，你就远不会给自己制造怨气冲天的敌人，不会莫名其妙地遭受反击，不会给别人留下小人印象，不会失去别人的信任和友善之情。

本章小语

“人为善，福虽未至，祸已远兮；人为恶，祸虽未至，福已远兮。”

《易经》里一句质朴的名言，道出了言谈举止的重要性。就像一个人，经常锻炼身体，虽然未必长命百岁，但是，体质增强了，小病小灾自然就少了很多。如果整天懒懒散散，很少锻炼，虽然未必染上大病，但是，缺乏蓬勃的朝气，给人留下的印象不会好，自然得不到好机会的垂青。

人情练达皆学问！在人群里生活必须注意自己的言行，多行“善举”，少做“恶事”，这样，你的人生舞台上就不会有太多悲剧的隐患，一幕幕的大戏才会有一些喜剧的色彩。

第五章　不战而屈人之兵

多一个朋友多一条路，多一个敌人多一堵墙，不要给自己竖起高墙。

“不战而屈人之兵，善之善者也。”因为哲理朴实且深厚，而且适用于各个方面，远远超出了军事领域，这句话不仅广为传颂，而且，“善之善者也”逐渐演变成了更简单易懂的“上上策”。

上上策，即成本最低、效果最好的制胜策略。在今天这样的和平时期，对于我们这些不是军人的普通人同样重要。因为，在追求快乐的人生旅途中，很多有害的“兵”会挡在前面阻挡人们靠近快乐，使得人们情绪低落、郁闷，甚至气愤，在原地徘徊演绎一幕幕人生悲剧。

冷漠、敌视、怨恨、诋毁、猜忌、故意对抗、暗中捣乱、不配合、不帮助，等等，身边人的这些心态和行为，就是我们可能遭遇的“兵”。

虽然这些“兵”与战场上的敌人完全不同，无影无形，不一定给人带来身体上的伤害，危害生命的可能性也更小。但是，破坏力很大，是阻碍人们赢得快乐和成功的主要障碍。轻者，让人经常情绪低落、郁闷忧伤，难以得到好的发展机会；重者，难以有真正的幸福，难以有真心的朋友，难以在职场站稳脚跟，美好的时光在郁郁寡欢、穷困潦倒的悲剧氛围中消耗殆尽。只有战胜这些“兵”，消灭这些“兵”，才能轻装上阵去追求成功，享受快乐，才能赢得快乐和成功需要的善意、机会、信任、帮助等资源。

在人群里面生活，要拒绝悲剧，学会上上策，不战而屈人之兵！

学会妥协，退一步海阔天空

有一种胜利叫“撤退”，有一种失败叫“占领”。

因为电视剧《潜伏》而走红的这句经典名言，不仅适合战场，在和平时期，人与人相处也同样如此。要学会妥协，用适当的撤退赢得胜利，而且是皆大欢喜的胜利。

事实上，几个人在一起总会有一些冲突。大到责任、权利、利益的分配，思想观点上的差异，小到谁来承担一项家务活，等等，都会发生争议，彼此之间意见完全一致的情况很少。此时要记住，不战而屈人之兵，在坚守原则底线的基础上适当妥协，及时后退一步，赢得和谐的双赢，不要为了无伤大雅的小事小利与对方死磕。

毫不夸张地说，要在人群中生活，和谐离不开妥协，固执己见的死磕只会导致不欢而散。即使在你的强压下对方勉强让步，你得到的也只是一个小小的胜利，外加一个充满怨恨的合作人、邻居、同事、情侣，还有怨恨带来的放弃、背叛、反击。和谐的快乐，真诚的笑容，双赢的合作机会，都会消失。

学会妥协，退一步海阔天空，赢得对方的积极响应和热情回报，做到不战而屈人之兵，自然会心情愉快，好事连连。

经典的“六尺巷”故事至及仍没有过时。

清朝时，在安徽桐城有一个著名的家族，父子两代为相，权势显赫，他们是张英、张廷玉父子。

清康熙年间，张英在朝廷当文华殿大学士、礼部尚书。老家桐城的老宅与吴家为邻，两家府邸之间有个空地，供双方来往交通使用。后来邻居吴家建房，要占用这个通道，张家不同意，双方将官司打到县衙门。县官考虑纠纷双方都是在京城做官的名门望族，不敢轻易了断。

在这期间，张家人写了一封信，给在京城当大官的张英，要求张英出面干涉此事。张英收到信件后，认为应该谦让邻里，给家里回信中写了四句话：

“千里来书只为墙，让他三尺又何妨？万里长城今犹在，不见当年秦始皇。”

家人阅罢，明白其中意思，主动让出三尺空地。吴家见状，深受感动，也随后让出三尺房基地。这样就形成了一个6尺宽的巷子，两家人和其他人行走更方便了。而且，因为张家没有仗势欺人，感动了吴家，吴家也做出积极的回报，又让张家感受到了友善。因此，两个家族之间的对抗情绪消失了，变成了谦恭的礼尚往来。自然，大家相处得和谐了，日子都轻松了。

邻里之间需要妥协，亲人之间也是如此。

离开家乡到上海谋生的一对年轻人，在双方父母的帮助下好不容易买了一套两居室准备结婚。第一次踏进空荡荡的新房，两人有说有笑，兴奋地展望起不久之后将焕然一新的“窝”。

女孩小君很有主见，拿到新家的钥匙后，就一心一意琢磨起装修事宜，还像模像样地画起了设计草图。未婚夫小张也不甘示弱，准备在装修问题上多出力，多流汗，多“牺牲”脑细胞。

开始装修之后，麻烦出来了，因为两个人的意见经常有分歧。墙面刷什么颜色？地板买哪种？阳台要不要封？几乎所有的问题他们都有自己的想法，都有自己的道理。因为各执己见，相持不下，经常使得装修工左右为难，不知所措，被迫停工。而且，两个人的关系也因为装修问题经常闹僵，在一起的时候，争吵多，温馨少。

还好，一次争吵停工之后，女孩小君反省了自己，主动妥协了。她决定让小张独自承担，自己只是提提建议，提醒注意事项。

此后，争吵少多了，温馨的情感回来了，两个人又像初恋时期一样开心了。

无数事例证明，小到情侣和睦相处、同事之间的协作配合，大到国际争端的协商解决，都离不开妥协。只有明智的妥协才能减少并化解矛盾冲突，解决问题的同时保护彼此之间的情谊，实现双赢。死磕的结果要么是两败俱伤，要么是用短暂的胜利给自己制造出怨恨和敌意。

事实上，妥协不仅是一种积极的生活心态，更是高超的生活艺术，而不是一些人所说的软弱、无能。在人群里面生活，面对形形色色的人，要想不战而屈人之兵，就要学会妥协。亲人、情侣、朋友、同事、同学、商务伙伴，不管与什么样的人打交道，都是如此。毕竟和谐氛围需要对方的热情响应，不能依靠强迫产生。

退一步海阔天空！明智的妥协就是不战而屈人之兵，价值巨大，堪称人际关系的“调和油”。在形形色色的缘分空间，面对各种各样的人和事，都需要明智的妥协，不可一意孤行。

人间心语

和谐氛围需要对方的热情响应，只有明智的妥协才能减少并化解矛盾冲突，解决问题的同时保护彼此之间的情谊。死磕的结果要么是两败俱伤，要么是用短暂的胜利给自己制造出怨恨和敌意。

宽以待人，营造轻松环境

不战而屈人之兵！要避免与身边的人兵戎相见，需要宽容。

老话说得好，人无完人，每个人都有这样那样的缺陷、不足，都会有过失和错误，会在不知不觉的情况下伤害到其他人。接下来会发生什么，是大事化小、小事化了，继续和谐相处，还是相反。一方的过错演变成双方的冲突，小小的冲突激化成水火不容的大悲剧，并走向敌对？这要看首先受到伤害的人是一笑了之，还是不依不饶、凶猛反击。

事实上，日常生活中80%以上的矛盾、冲突都是缘于一个无意的错误或碰撞。本来事情不大，受到影响的人却没有宽容对方，而是不依不饶地反击，因而导致发生冲突，甚至愈演愈烈，激化成不可调和的矛盾。

事例一

一个大学女生宿舍里，女生小颖在桌子上摆东西的时候，不小心把一个杯子碰翻了，流出来的水把同学小丽正在看的一本书弄湿了。小颖赶紧扶起杯子，抓起那本书甩干水，同时对站在一边的小丽说："对不起。"

小丽抓过书，气呼呼地说："道歉有什么用？道歉就行了，还要警察干什么？"

听到小丽这样的回答，看着小丽不依不饶的眼神，小颖愣在那里，不知道该说什么。停了一会儿，把手里的书往桌上一放，声音也提高了："我又不是故意的，再说我已经道歉了，你还要怎么样呀？大不了我赔你呀！"

就这样，小颖本来有的愧疚消失了，委屈、伤心、怨恨一起涌上心头。第二天她就去买了一本新书赔给小丽。此后，她就不愿意答理小丽。小丽虽然得到了新书，心里也很别扭。在宿舍里、教室里，只要身边有小颖，就不知道该说什么、干什么。本来关系良好的同学，好几天都不怎么说话。而且，很长时间都没有恢复到以前的状态。

事例二

一栋老楼里面，有个人为了避雨，将自己的自行车放在楼道里。因为天黑，一个邻居不小心被自行车撞到了，一气之下将这辆自行车推倒在地，高声叫骂。

听到邻居的叫骂，自行车的主人出来了，与邻居对骂。很快，两家人都卷进来了，对骂了一阵，直到其他几个邻居好言劝解了一阵才打住。随后相当长的一段日子里，两家人经常为一点小事指桑骂槐，互相攻击。虽然没有拳脚相加，没有闹出大事，两家人的心情还是大受影响，回到家里都难以安宁。

尤其是两个家庭里的孩子，在一个小学上学。虽然不是同一年级，上学、放学原本经常结伴而行，还经常在一起玩耍。现在，见面了都很尴尬，一起玩耍的乐趣自然没有了。

对别人的过错不依不饶地反击，本来可以消失得无影无踪的小事，便会升级成激烈的冲突，一步一步激化，变成了难以化解的矛盾；本来可以和谐相处的人，也变成了严重对立的敌人。许多悲剧就是这样产生的。

其实，只要对这些无意中影响到自己或者给自己带来小伤害的人宽容一点，不要揪住不放，不要不依不饶，就不会有后续的矛盾冲突，大家就能轻松地继续交往、友好地相处。处理得当，还能使得对方对自己心存感激，即使不是心心相印，也不会形同陌路，更不会把对方变成自己的敌人。

想一想就明白，宽容别人的过错，你失去的也只是已经失去了的。出错的人会明白你的好意，会记住你的好心，会带着一份歉疚和一份感激来面对你。而且，因为宽容了别人的过错，自己的心海里面就减少了一些“毒气”，增加一些“阳光”，可见，宽容别人就是解放自己。

不仅如此，身边的其他人对你也会有更好的评价及更好的态度，身边少了敌意、敌情，多了善意、情谊，会更加祥和。当你不小心伤到他们时，他们也更容易宽容你的过错。当你需要帮助的时候，他们会更热心地帮助你。一路上会有更多的阳光，而不是狂风暴雨。自然，你的生活会更轻松、愉快。

宽容别人的过错，就能轻松地继续自己的生活。因此，身边有人不小心影响你、伤到你时，只要不是故意的，就来一个得理也饶人，一笑了之。不要像对待敌人那样不依不饶、凶猛反击。在事情过去之后，不要耿耿于怀，更不要利用机会来打击报复。

这是对自己的解放，是吃小亏占大便宜，是“不战而屈人之兵”的上上策。

宽容别人的过错，一个老先生的一句话，很有意境。

一个老人退休后，喜欢上了养花，他在家里的阳台上搭了一个花架，种了很多盆景。老人像对待自己的孩子一样，精心护理着盆景里的花花草草。

一次，老人要去大女儿家里住一段时间，临行前将养护盆景的注意事项告诉儿子，要儿子细心看护好。老人走后，儿子很细心照顾父亲的命根。但是，一天在阳台上晾晒衣服的时候，不小心把花架碰翻了，大部分盆景都碎了。

老人回来后，看到自己视为命根的盆景都碎了，看到儿子诚惶诚恐的眼睛，他微微一笑，对儿子说："我栽种这些盆景是为了我们一家人更高兴，不是为了生气的。"

儿子听了，悬着的一颗心放下来了。此后，经常帮助父亲养花，父子关系比以前更亲近，也更融洽了。

不是为了生气！朴实的一句话，道出了人生的真谛。宽容别人的过错，自己不生气，别人很感激，不愉快的事情很快就过去了。还有什么比这样的选择更高明？

可惜，有些人因为心眼太小不能宽容别人的小小过错，对别人的一些过错、甚至谈不上过错的东西，过分敏感挑剔，像一枚"人体炸弹"一碰就炸，不依不饶地折腾别人、折腾自己，使得自己和身边的人都紧张、郁闷，不是冷漠就是风暴。甚至对自己的亲人，也是如此。

一个大学生回家过年，因为母亲没有及时到车站接他，迟到了十几分钟就对母亲不依不饶。尽管母亲一个劲地道歉，一路上就是不跟母亲说话。母亲很伤心，不断地哄孩子，不断地给孩子做好吃的菜。过了两天，这个大学生才慢慢回答母亲的话。

一个小伙子请女朋友吃饭，事先说好去一家新开张的酒楼。可是，小伙子带着女孩在街上转了一阵，没有找到那家酒楼，只好就近找了一家。为此，女孩不依不饶，吃饭的时候一直板着脸，不答理男孩，点的菜肴也很少吃。小伙子也只是简单吃点，然后不欢而散。

为别人的一点过错而记恨，不依不饶地反击，是多么愚蠢的行为！

记住，宽容别人的过错，就是给他们感谢你、报答你的理由；对别人的过错不依不饶，就是给他们怨恨你、报复你的理由。

在人群里生活，要懂得宽容，学会“以责人之心责己，以恕己之心恕人。”

人间心语

宽容别人的过错，得理也饶人，给别人感谢你、报答你的理由。不仅是正确的态度，更是高明的选择。不依不饶地反击，只会激化矛盾，把别人推向与自己为敌的境地。

保持平和，甩开冲动的恶果

2005 年春节联欢晚会上，郭冬临和牛莉合演了一个小品《男子汉大丈夫》。牛莉扮演的妻子和邻居吵架不胜之后，便想搬丈夫郭冬临去帮忙，于是一场由外患引发的内战在他们两人之间展开了。“冲动是魔鬼”就是丈夫用以劝说妻子的台词，整个小品中夫妻两人共同回忆恋情化解外患和内战的同时，多次说出“冲动是魔鬼”。因此，这句话给数亿观众留下了深刻的印象，从此风行神州大地。

确实，冲动是魔鬼，它也像一颗炸弹，会在瞬间摧毁彼此之间的情义，使双方形成强烈的对抗，互相攻击，互相诋毁。结果要么是两虎相争必有一伤，要么是两败俱伤，最轻的也是不欢而散，气呼呼地离开。很多害人害己的蠢事、让自己追悔莫及的傻事，都是情绪冲动的后果。即使没有出现暴力冲突，在冲动的作用下，情分被斩断了，敌意便像波涛般汹涌而出。

冲动的效果，野马暴怒致死的现象，足以说明。

在美国西部草原上，有一种吸血蝙蝠，它身体很小，时常附在野马身上用尖利的嘴刺破野马的皮肤，以吸取鲜血。无论野马怎样乱蹦乱跳，狂奔逃窜，小蝙蝠都不理会，它仍然叮在野马身上、头上、腿上吸血。

最后，野马因为暴怒和失血无奈地死去了。

其实，小小的蝙蝠吸取的血液极其有限，真正导致野马死亡的是它自己的暴怒。

关于冲动的效果，大自然也给了我们很多启示。

空气，轻得感觉不到。但是，狂风——冲动的空气，却能把一棵棵大树连根拔起，能把一栋栋楼房吹倒，能把一辆辆汽车卷到天空中。

清泉，柔得令人心醉。但是，山洪——冲动的清泉，却能把一座座大坝冲跨，能将一座座桥梁卷走。

一颗十几公斤的炮弹，轻轻地放到人的身上，没问题；一粒几十克重的子弹从枪膛里射出，飞速地冲到人的身上，会要人的性命。

现实生活中，因为冲动而出现的悲剧、惨剧，更是数不胜数。许多人就是因为冲动才互相攻击、互相叫骂，乃至大打出手。还有人因为冲动拿刀子将身边的人砍伤，甚至杀死，造成血案。2011 年 4 月 17 日发生在北京师范大学珠海分校的大学生挥刀砍伤室友的事件，2009 年 8 月 10 日发生在四川成都的震惊全市的“车娅婷”被杀事件，都是悲惨的例证。

因为，冲动之下情绪完全失控，愤怒如同决堤的洪水般淹没了理智。此时，人的整个思维都混乱了、崩溃了。怒从心上起，恶向胆边生！还能有什么好事？

而且，情绪失控后，不仅容易与他人发生激烈冲突，容易伤害他人，也会从两个方面杀伤自己。一方面，伤害别人的同时会招来对方的报复，或是法律的严惩。另一方面，气大伤身，对自己的身体也有极大的伤害。情绪失控时会心跳加速、呼吸急促、肌肉紧绷、毛发倒竖、咬牙切齿。

经常暴跳如雷，心脏、大脑、肠胃都会受到损害，严重者会要人的性命。

因此，西方有句经典的谚语——上帝要想让他灭亡，必先使其疯狂！

冲动就是这么厉害。要避免给自己制造敌人，就要注意控制自己的情绪，不管发生什么事，首先努力保持平和的心态，不要轻易地冲动，不要疯狂地给自己制造后悔。否则，即使事后道歉、赔偿，也不能补救给对方，从而给自己造成的伤害。

假如你觉得自己有脾气就要发出来，那么下面这个故事你需要用心去读。

一个男孩性格很急躁，一点耐性都没有，动不动就发脾气。父亲开导他，劝他少发脾气，他不听，说："我生气，就要发脾气，我不改。"

一天，父亲给了他一袋钉子，告诉他，以后每发一次脾气后，就在后院的围篱上钉一根钉子。

第一天，这个男孩钉下了 37 根钉子。慢慢地，每天钉下的数量减少了。因为他发现，控制自己的脾气要比钉下那些钉子来得容易些。

渐渐地，这个男孩再也不会失去耐性乱发脾气，很多天都没有钉钉子了。他很开心，告诉自己的父亲，不再需要钉子了。父亲也很开心，又告诉他，从现在开始，每当他能控制自己的脾气的时候，就拔出一根钉子。

一天天过去了，不久，男孩告诉父亲，他把以前钉的所有的钉子都拔出来了。

父亲牵着他的手来到后院，站在男孩以前钉钉子的地方，说道："你做得很好，我的好孩子。但是，你把钉子拔出来了，那些围篱上的洞却永远存在。"

正如这位父亲的告诫，冲动之下的言行就像钉好的钉子一样，很伤人，会在对方的心里留下深深的伤痕。不管你以后怎样反悔、道歉，不管别人的心胸多么宽广，那个伤痕将永远存在。因为覆水难收！

关于甩开冲动的恶果，保持平和，不战而屈人之兵！林肯面对恶意挑衅者的言行，值得学习借鉴。

林肯在竞选总统期间，一次在参议院演说时遭到一个参议员的挑衅。那个自以为出身高贵的参议员在林肯走上讲台后大声喊道："林肯先生，在你开始演讲之前，我希望你记住自己是个鞋匠的儿子。"

"我非常感谢你使我记起了我的父亲，他已经过世了，我一定记住你的忠告，我知道我做总统无法像我父亲做鞋匠那样做得好。"林肯接过话题，心平气和地对台下的参议员们说。

参议员们陷入了一片沉默之中。

林肯没有停下来，他转过头，对那个傲慢的议员说："据我所知，我的父亲以前也为你的家人做过鞋子，如果你的鞋子不合脚，我可以帮你改正它。虽然我不是伟大的鞋匠，但我从小就跟我的父亲学会了做鞋子的技术。"

随后，林肯又对所有的参议员说："对参议院的任何人都一样。如果你们穿的那双鞋是我父亲做的，而它们需要修理或改善，我一定尽可能的帮忙。但有一点可以肯定，他的手艺是无人能比的。"

听到林肯这么一番话，嘲笑消失了，掌声响了起来。

后来，有人批评林肯对待政敌的态度："你为什么试图让他们变成朋友呢？你应该想办法打击他们，消灭他们才对。"

"我们难道不是在消灭政敌吗？当我们成为朋友时，政敌就不存在了。"林肯回答说。

林肯就是这样以不战而屈人之兵，将敌人变成了朋友，并两度被选为美国总统。

记住，建设某物是缓慢而费时多年的工作，摧毁却可以在瞬间完成。同样，和谐友好的人际关系需要很长时间的培育，但是，情绪失控后的一个冲动，就可能摧毁这个缘分。

在人群里生活，一定要学会控制自己的情绪。身边有人冒犯你时，要努力保持平和，不要因为有人在一些小事上反对自己、向自己提意见，就把他们视为敌人，不要像被激怒的公牛一样大声吼叫，不要冒出一堆粗话、脏话。即使对方有错，也要保持心态平和，不要以简单的愤怒去应对别人的错误。

与别人争论问题时，要努力保持平和，不要不顾一切地强辩，不要大呼小叫。难以说服对方时，对方火气很大时，暂不争论，不要激化矛盾。别人情绪失控了、冲动了，乱吼乱叫了，更要控制好自己的情绪，努力保持平和，不要傻傻地跟着别人去疯狂。在侮辱人格的脏话、喋喋不休的谩骂面前，要提醒自己，小不忍则乱大谋！不要疯狂地做“鱼死网破”的争斗。须知，即使网破了，鱼也死了，那么，鱼的拼杀还有意义吗？

小不忍则乱大谋！不要将身边的人变成自己的敌人，就是永恒的大谋。

如果你觉得别人挑衅自己、辱骂自己，自己却要保持平和，不反击，很吃亏。那么，读读下面的故事，你会轻松很多。

一位禅师在旅途中碰到一个不喜欢他的人。连续好几天，好长的一段路，那人用尽各种方法来污蔑这个禅师。

最后，禅师转身问那人：“若有人送你一份礼物，但你拒绝接受，那么这份礼物属于谁呢？”

那人回答：“属于原本送礼的那个人。”

禅师笑着说：“没错。若我不接受你的谩骂，那你就是在骂自己。”

那人摸摸鼻子走了。

人间心语

小不忍则乱大谋！不要以“狭路相逢勇者胜”的心态去拼一个“鱼死网破”，那样只会把身边的人变成自己的敌人。

主动说明，防患于未然

人与人之间经常因为误会而拉开心理距离，并逐渐疏远，产生隔阂，产生矛盾，甚至产生敌对情绪。你身边的一些熟悉的人也可能因为误解你了，从你的亲朋好友圈中走向陌路；一些本来与你很陌生的人，对你的感觉可能从陌生走向反感。严重的，会因为误会你而导致冷漠、敌视、对抗，使你的人生旅途上出现一个个不该出现的“兵”。

怎么办？

不战而屈人之兵！感觉有人可能产生误解、产生不安、产生抵触情绪时，主动向对方作一番说明，防范身边的人莫名其妙地变成“兵”，阻碍自己、伤害自己。

这方面，素有“经营之神”之称的日本著名企业家松下幸之助做得很好，是我们学习借鉴的典范。

事例一

有一次松下幸之助在一家餐厅招待客人，一行六个人都点了牛排。等六个人都吃完主餐，松下幸之助让助理去请烹调牛排的主厨过来。他还特别强调：“不要找经理，找主厨。”助理注意到，松下幸之助的牛排只吃了一半，心想一会儿的场面可能会很尴尬。

主厨来时很紧张，因为他知道请自己出来的客人是个名人，来头很大。见到松下幸之助，见到他盘子里剩下的牛排，主厨更紧张了，问道：“是不是牛排有什么问题？”

松下幸之助摆摆手，微笑着回答说：“烹调牛排，对你已不成问题，”顿了顿，接着说，“但是我只能吃一半。原因不在于厨艺，牛排真的很好吃，你是位非常出色的厨师。但是我已经80岁了，胃口大不如从前了。”

主厨与其他的五位用餐者困惑得面面相觑，大家过了好一会儿才明白这是怎么一回事。在请厨师回去之前，松下幸之助还说：“我想当面和你谈，是因为我担心当你看到只吃了一半的牛排被送回厨房时，心里会难过。”

主厨听到松下幸之助如此诚恳的说明，非常感动，疑虑烟消云散。身边的几个客人亲历了这样一幕，更敬佩松下幸之助的人格。自然，更喜欢与他合作了。

事例二

松下幸之助的管理风格是刚柔并济，严于理事，宽以待人。一方面，为了起到震慑和警示作用，他经常采取公开通报批评的方法，对出错的下属进行批评处罚。同时，他也很关注下属的自尊心和心理承受力，认真与下属沟通，努力消除下属的抵触情绪。

一次，他把一个工作不力、在工作中出错的下属叫来，指出了下属工作中的失误，然后对下属说：“我要对你提出书面批评。当然，如果你对我的批评毫不在乎，那么，我们的谈话就到此为止；如果你对此不满，认为这样太过分了，你受不了，我可以作罢；如果你心服口服，真心实意地认为我的批评确有道理，那么，尽管这种做法会使你付出一定代价，但它对你仍然是值得的。你可以通过深刻的反省，逐渐成为一名出类拔萃的员工。请你考虑一下。”

听了松下幸之助的这番话，那个下属说：“我都明白了，愿意接受公开的书面批评。”

松下幸之助又问：“是真的明白了吗？是从心底里欢迎批评的吗？”

下属答道：“的确是的。”

听到下属这样回答，松下幸之助就说：“这太好了，我会认真地向你提出书面批评的。”

随后，松下幸之助下达了对这个下属的公开通报批评。措辞很严厉，公司上上下下都受到了震撼。同时，那位受到处罚的经理对松下幸之助没有什么怨言，对安排的工作没有抵触情绪，并且认真吸取了过去的教训，工作效果改进很多。

位高权重的大老板面对普通人、面对自己的下属，注意防患于未然，通过主动说明来实现“不战而屈人之兵”的目的。无疑，这是松下幸之助成就大业并赢得社会普遍赞赏的一个重要因素，也是值得我们学习、借鉴的优点。

人心隔肚皮，在人群里生活，需要注意防范别人对自己产生误解。当你感觉自己的某种言行可能会引起别人的猜疑，可能给别人产生错误的判断，甚至引发对自己的抵触情绪时，不要不管不顾、一走了之。像松下幸之助那样，主动说明一下，给他人一些正确的信息，一份心灵的安抚。经常这样，他们对你的误解就会减少，就不会莫名其妙地变成你的敌人。

人间心语

感觉对方可能产生误解、不安和抵触情绪时，主动向对方作一番说明，防范身边的人莫名其妙地变成“兵”，阻碍自己、伤害自己。

忘掉仇恨，跳出恶性循环

人与人之间，磕磕碰碰的事在所难免，受到一些人有意无意的伤害，亦难免。事过之后怎样面对伤害过自己的人呢?

身强力壮的熊被猎杀的过程，给了我们很好的启示。

猎人知道熊喜欢吃蜂蜜，于是，就在熊经常出没的地方设下陷阱，把一碗蜂蜜吊在一根很重的木头下面，诱惑熊。熊要吃到这碗蜂蜜，就要推开这根木头。但是，木头是吊着的，被推开后，只要没有力量顶着，就会立刻反弹回来。

熊发现蜂蜜了，要吃这碗蜂蜜，就伸出前爪用力把木头推开，然后低下头、伸出舌头来添食蜂蜜。因为没有力量顶着，木头被推开后马上反弹回来，直接撞击到了熊的脑袋。熊很生气，再次把木头推开，然后舔食蜂蜜。木头再次反弹，再次撞击熊的脑袋。

蜂蜜就在眼前却没有吃到，熊被激怒了，一次又一次地推开木头，一次又一次地被木头撞击。最后，这头熊被木头撞死了。

事实上，熊是被自己的报复心撞死的。如果它在被伤害一次或几次后转身离开，就不会把自己的性命丢掉了。

熊被猎杀的过程告诉我们，遭遇不幸后，不要耿耿于怀，不要跳进“报复—伤害”的恶性循环之中。否则，后果很悲剧。

熊是低等动物，缺乏智慧，看不到报复的后果，在受到伤害后没有及时转身离开，因为不断报复招来不断的伤害，最后丧命。人，作为高等动物、智慧动物，比熊聪明千倍，自然不会像被猎杀的熊那样笨。但是，从本质上来看，很多人并没有超越那些被猎杀的熊的智慧，在受到伤害后心中燃起了仇恨的烈焰，对别人的错误久久难以忘怀，跳进了报复—伤害的恶性循环中。结局虽然没有像被猎杀的熊那样悲惨，用“损失惨重”“得不偿失”来形容，一点都不为过！

事例一

一天晚上，女大学生小芝将自己春节期间在家乡照的照片存进电脑，并给同学们看。几个同学边看边议论，唧唧喳喳的，很热闹。但是，同学小梅不热情，只是偶尔瞥一眼，还流露出一股嘲讽的表情。后来，还有同学传话，说小梅对其他同学说过，小芝的身材不好，不适合照相。

小梅的表情和同学传来的几句话刺痛了小芝，仇恨的烈焰在小芝心里点燃了。“凭什么呀！她不就比我的身材好一点儿吗？这样说我！我一定要让她不好过！”

此后，小芝不断想办法报复小梅，为此消耗了大量的时间精力。在宿舍里，在教室里经常找机会折腾小梅，同时经常在背后说小梅的坏话。小梅也不示弱，经常反击。因此，两个人的关系越来越差，小芝的学习成绩也不断滑坡，以前比较亲近的几个同学也纷纷远离。毕业后小芝才发现，几年下来没有留下什么美好的回忆，没有学到什么东西，也没有能够说知心话的朋友。

事例二

云丽与大军结婚后不久，发现大军生活不检点，经常以应酬为理由在外面花天酒地，出入色情场所，还经常与一个女人鬼混。云丽很伤心、很生气，与大军大吵了一通。尽管大军信誓旦旦会改正，会好好爱云丽、爱自己的家，并且行动上确实有所收敛，云丽还是愤愤不平，觉得自己吃亏了，要报复大军。

“你可以在外面拈花惹草，我也可以。喜欢我的人多得很，看看谁比谁潇洒!”

此后，云丽经常把自己打扮得花枝招展，吸引了很多男人。对几个想亲近自己的男人，她不再保持距离，只要请她去高档酒楼吃饭、去酒吧潇洒、给她买礼物，她便来者不拒。

很快地，云丽的绯闻传到大军的耳朵里。大军知道后，在家里骂云丽，在外面则是重蹈覆辙。就这样，结婚不到三年，两个人的婚姻关系就破裂了。

类似的悲剧还有很多，因为对别人的错误耿耿于怀，他们像那些被猎杀的熊，跳进“报复—伤害”的恶性循环之中，眼里带着令人不寒而栗的仇恨光芒，不惧后果地疯狂报复。将本来已经淡化的矛盾激化，将正在渐渐消失的敌意加重，使得可以重归于好的缘分崩溃并且制造出了紧盯着自己的敌人，使自己不断陷入新的纠结、麻烦、痛苦之中，失去了祥和的快乐。

而且，报复心毒性很强，会把潜藏在内心深处的恶性品格引出来，并且放大许多。因此，会使自己由一个善良的人变成一个心胸狭隘、心理灰暗的人，内心充满愤怒的烈焰，没有好心情去享受生活。甚至心灵扭曲，变成一个心态卑劣、行为恶毒的人。

同时，将大量的时间精力耗费在互相对抗、互相伤害上，值得做的事情都顾不上，因而也失去了能够取得的成就，丢弃了演绎人生喜剧的条件。

为了让人们了解报复心的毒性，文学大师泰戈尔用一篇短文进行了形象的描述。

《报复》

一个画家在集市上卖画。不远处，前呼后拥地走来一位大臣的孩子，这位大臣在年轻时曾经把画家的父亲欺诈得心碎而死。

这孩子在画家的作品前面犹豫不决，最后选中了一幅。画家却匆匆地用一块布把它遮住，并声称，此画不卖。

从此以后，这孩子因为心病而变得憔悴。最后他父亲出面了，表示愿意付出一笔高价，可是，画家宁愿把这幅画挂在他画室的墙上也不愿出售。他阴着脸坐在画前，自言自语："这就是我的报复。"

每天早晨，画家都要画一幅神像，这是他表现信仰的唯一方式。可是现在，他觉得这些神像与他以前画的神像差异很大。这使他苦恼不已，他徒然地寻找原因。然而有一天，他惊恐地丢下手中的画，跳了起来，他发现，自己刚画好的神像的眼睛是那个大臣的眼睛，而嘴唇也是那样的酷似。

他把画撕碎并且高喊："我的报复已经回报到我的头上了！"

报复，毒性如此之强，对自己的伤害如此巨大，你还有什么理由跳进"报复—伤害"的恶性循环之中呢？

"有人辱骂我，分明了了知。虽然不应对，却是得便宜。"这是唐代著名诗人寒山和尚的名作，道出了跳出"报复—伤害"陷阱的价值。别人无心对自己造成的伤害，不应该报复。品性低劣之人故意对自己造成的伤害，不值得为之扭曲自己的心灵去报复。

在人群里面生活，要预防敌对的情绪产生、激化，就要及时扑灭心中升起的仇恨烈焰。只要不是恶毒的犯罪，忘了它，不要记恨，更不要用行动来报复，不要陷进冤冤相报的恶性循环。

人间心语

“报复—伤害”是恶性循环，会将本来已经淡化的矛盾激化，将正在渐渐消失的敌意加重，使得可以重归于好的缘分崩溃，使自己不断陷入新的纠结、麻烦、痛苦之中。

坦荡示弱，赢得真情实意

不战而屈人之兵！在形形色色的人群里面，面对各种各样的人要努力消除别人的恶意、敌意，避免自己受伤。势单力薄的时候，孤掌难鸣的时候，脆弱无力的时候更要用心，坦坦荡荡地向别人示弱，请求他们的体谅、宽容、帮助。否则，可能遭遇对方的侵袭，轻则摔一个跟斗，重则倒地不起。

一个猎人、一个文人用他们的行动给我们做出了示范。

①猎人交枪求救

一次，一个猎人进山打猎，途中很不顺利，不仅没有打到猎物，还在山里迷路了。

转悠了好几天，食物早已没了，他精疲力竭，饥寒交迫。突然，猎人发现前面有一间小木屋。猎人想起来了，据说这个小屋的主人是一个性格怪僻的隐士，他对任何闯入者都心怀敌意，很少有人能够活着离开这间小屋。但是，迫于饥饿，猎人还是走到了小屋门口。

此时，猎人可以先发制人，用枪迫使隐十就范，劫夺他的食物，但是，隐士可能出手夺枪，进而引发枪战。无论是猎人射中隐士，还是猎人被隐士射中，都是悲剧。

略一思索，这个猎人没有像其他人一样警惕地端着自己的猎枪准备开火。而是背着自己的猎枪走到小屋门口，轻轻地敲敲门。很快，隐士开门了，他睁着警惕的双眼。猎人轻轻地打声招呼，然后主动将自己的猎枪取下来，递给隐士。

“能不能用枪和您换点食物？我实在饿得不行了。”猎人说。

隐士非常惊异，他知道猎枪对猎人的价值，绝非一点食物可以换取的。但是，他还是把枪收下了。

由于武器在自己手里，隐士感到很安全，同时，猎人对他的尊重也使他很高兴。“进来吧！”他邀请猎人进门，给他喝水，为他准备好一顿晚餐。饭后，隐士将枪还给猎人，并指引他走出了森林。

②文人承认害怕

沈从文，现代著名作家，历史文物研究家，京派小说代表人物，在中国文坛中被誉为“乡土文学之父”。年轻时期的沈从文，其学历只是小学毕业，靠自学学习写小说，闯入文坛时间虽不长，但是因为文风独特而颇有名气。因此，经徐志摩推荐，26 岁的沈从文被当时任中国公学校长的胡适聘为该校讲师。

第一次走上大学讲台讲课，对谁都不容易。毕竟，有名气不等于有胆气。何况，小学毕业的沈从文要面对的学生都是中国最好的大学生。虽然他提前一个星期就准备好了足够讲两堂课的内容，即便如此，他还是很紧张。

虽然是平民出身，因为很有名，又属于当时的“文艺超男”，因此，除了原班的学生，慕名而来听课的人也有很多。上课时，连走道都挤得水泄不通。可谓是“人山人海”。

第一次走上讲台就面对如此局面，年轻的沈从文紧张得一句话也说不出来。一分钟过去了，他未能发出声来；五分钟过去了，他仍然不知从何说起……众目睽睽之下，他竟呆呆地站了近十分钟才慢慢平静下来，开始讲课。

可是，还是因为过于紧张，讲课过于急促，原先准备好足够讲两堂课的内容，被他三下五除二地在十来分钟就讲完了。此时离下课的时间还早，面对黑压压的人群，面对一双双期盼的眼睛、迷惑的眼神，剩下的时间该怎么办?

依然很紧张的沈从文确实感到不知所措，不过，他没有找“身体不舒服”之类的借口溜之大吉，也没有天南海北地信口开河耗到下课。他拿起粉笔，转过身，在黑板上工工整整地写了一行字：“今天是我第一次上课，人很多，我害怕了。”

台下的学生、慕名听课的人看到黑板上写出的这一句话，有些吃惊。不过，没有人嘲笑沈从文，而是报以充满善意的笑声和掌声。校长胡适在听说这次讲课的经过后，不仅没有批评沈从文，反而不无幽默地说：“沈从文的第一次上课成功了!”

在困难的时候，在需要他人照顾的时候，坦坦荡荡地向身边的人示弱、求助，才能够得到别人的谅解和帮助，使自己摆脱困境，顺利度过难关。否则，不仅拉不下面子，还可能会招来猛烈的“炮火”。

假如这两个事例离我们的生活很远，一个大学生吃西餐的过程，很近。

一天，一个大学生过生日，请宿舍里的几个同学去一家高档酒楼吃西餐。

来到富丽堂皇的餐厅，望着眼前琳琅满目的烤火鸡、牛排、沙拉、香肠、什锦冷盘、甜点、奶酪、面包、葡萄酒等食物，还有刀叉等金属餐具，看着一个个天使般的服务员，来自农村的学生大平脑袋里一片空白，不知所措。眼前的场景和物品以前只是在电影、电视里见过，但从来没有接触过。而且，他听人家说过，吃西餐很有讲究，如果不小心地吃就很丢人。

可是，自己确实没有在正规的西餐厅吃过饭，这些食物该怎么吃呢?怎样才能不让同学们和旁边服务员笑话自己呢?

迟疑了一会儿，看到同学们都开始吃了，大平鼓起勇气，面红耳赤地站起身，开口说道：“我家在农村，还是上大学以后才吃过麦当劳，从来没有吃过这样的西餐。我听人说过，吃西餐很有讲究，你们谁愿意教教我。”顿了顿，又加上一句，“别笑话我。”

身边的同学和旁边的服务员听了大平的话，禁不住咧开嘴笑了。不过，不是嘲笑。几个同学纷纷表示，自己也不熟悉西餐的规矩，慢慢吃就行。一个服务员走过来向大平讲解了吃西餐的基本规矩，提醒了几个注意的地方，还告诉大平，不要太在意，有事就招呼，他会过来帮忙。

就这样，大平悬着的一颗心放下了，按照服务员的说法，学着身边同学的样子，美美地享受了一顿西餐。虽然多次出洋相，听到的只是笑嘻嘻的调侃与夸奖，没有人嘲讽他。

假如没有事先的那几句话，说不定就会有人明里暗里地嘲笑大平“老土”“土包子”，让他下不了台，这顿美味的西餐也享受不下去，甚至可能与同学发生口角，闹得不欢而散。

其实大家都是人，谁没有短板？在人群中生活，没必要为了面子而掩盖自己。当你面临困境的时候、需要他人关照的时候，放低自己的姿态，抛开虚荣心，用明确的语言和行动坦坦荡荡地示弱，大大方方地求助，就能赢得真情实意的谅解和帮助。这就是不战而屈人之兵！

事实上，这不仅不会影响你做人的尊严和体面，还会因为你的坦荡赢得别人的尊重和赞赏，实现“不战而屈人之兵”的目标。

人间心语

势单力薄的时候，孤掌难鸣的时候，脆弱无力的时候，用明确的语言和行动坦坦荡荡地示弱，大大方方地求助，就能赢得真情实意的谅解和帮助。

寻找契机，化敌为友

多一个朋友多一条路，多一个敌人多一堵墙！地球人都知道这个道理，华夏民族对这句话更是耳熟能详。

尽管没有谁愿意与身边的人为敌，但是，总有一些人因为某种原因站在自己的对立面，与自己形成对抗之势，成为阻挡自己的“墙”。

面对已经耸立起来的“墙”，依然要遵循“不战而屈人之兵”的原则，用心谋划并积极行动，努力寻找契机化敌为友，使眼前的“墙”自行瓦解，变成让你大步前进的“路”。至少要使眼前的“墙”降低很多，减少对你的阻挡。不要动不动就来一个“破墙而入”，撞得头破血流，却寸步难行。

寻找契机，化敌为友，究竟应该怎么办?

这不是神秘莫测的高深学问，也不难做到，有人给出了示范。

事例一

德国有一家建筑公司由于生意不好，经常拖欠一些工程款项。一家工程公司因为收不到这家建筑公司的工程款，严重影响到公司的财务调度。为此，经理辛尼加很不高兴，决定亲自出马，强烈要求建筑公司支付拖欠的工程款。

不幸的是，辛尼加气势汹汹地开车去建筑公司的途中，遭遇了连环车祸。还好，他的车子是最后一辆，只是受到了轻微的摩擦，并没有太大的损伤。为了了解情况，辛尼加下车了。他发现，前面四辆车各有损伤，车主们都很郁闷。

撞上第一辆车的第二辆车，车主在发生事故之后，一直待在车里，不肯下车。第一辆车的车主很生气，跑过去敲打着第二辆车的车门，与对方理论，两人闹得不可开交。

撞上第三辆车的第四辆车，车主在发生事故之后，马上下车前去察看第三辆车的毁坏情况。他的脸上充满歉意，急切地询问第三辆车的车主是否受伤。

很快，第四辆车的车主得到了第三辆车车主的谅解，早早将车开走了。只剩下前面三辆车还在那里不停地争吵。

看了这种场面，辛尼加陷入了沉思。到了建筑公司之后，他将一脸怒容换上了笑脸，在建筑公司老板的办公室坐了下来。

“让我们来分析一下情况吧。以您的能力来说，不可能会出现周转上的问题，我猜应该是银行在作怪吧！现在的银行只有在晴天才会借伞哩！”辛尼加温和地对建筑公司老板说。

建筑公司老板本来有一肚子苦水，听到辛尼加这么说，就对着他大叹银行无情。

于是，两人就大声评论着银行的政策。很快，两个原本是对立的人变成了同一条战线上的战友。

过了很久，谈话渐渐转入了工程款结算这个正题上。辛尼加坐直身体，诚恳地对建筑公司老板说：“都是银行的责任。不过，请您一定要帮我这个忙，否则我们连薪水都发不出来了。”

建筑公司老板的眼神里充满愧疚，叫来财务主管，吩咐他立刻支付拖欠辛尼加公司的工程款。

离开建筑公司时，辛尼加摸摸口袋里的支票，感到十分满意。在开车回公司的路上，他想起连环车祸中的第四辆车车主与第三辆车车主一起指责前面车的情景，嘴角露出了一丝微笑。心想：“今天收获真是很大啊！将双方的矛头一起转向第三者，以此表明双方是站在同一条战线上来说服对方，真是很好使啊！”

事例二

本杰明·富兰克林，美国的开国元勋之一，品行出色的科学家、政治家。

他出身贫寒，只念过两三年书，12 岁便进入印刷厂当工人，20 岁时开始独立经营，把所有的积蓄都投资在一家小印刷厂里。为了办好印刷厂，他想使自己成为费城州议会的文书办事员。这样一来，他就可以获得为议会印文件的工作机会，可以给自己的印刷厂揽来不少业务。可是，议会中最有钱又最能干的一个议员很不喜欢富兰克林，多次公开训斥他、骂他，给他的工作和生意造成了很大的阻力。

怎么办呢？怎样让这个议员不讨厌自己而是喜欢自己呢？

富兰克林一直在思考这个问题，寻找机会。不久的一天，他听说那个议员藏有一本非常稀奇而特殊的书，于是，富兰克林就给这个议员写了一封短信，表示自己很想读那本书，请求议员把那本书借给自己几天，好让自己仔细地阅读一遍。

那个议员接到富兰克林的书信后，马上叫人把书给富兰克林送来了。过了大约一个星期，富兰克林把那本书还给那个议员，还附上一封信真诚地表示感谢。

随后，情况发生了变化，当他们再次在议会相遇的时候，那位议员不再像以前那样冷眼相待，居然主动与富兰克林打招呼，而且面带微笑，彬彬有礼。此后，两个人的关系日益亲近，那位议员一直对富兰克林很好，经常帮助富兰克林，渐渐成了富兰克林一生的挚友。

一个商人，通过找到双方的共同敌人——银行，与利益上的对手站在了同一条战线，成功地化敌为友，破解了要债难的困境，成功地收回了被长期拖欠的工程款。一个出身贫寒的年轻人，通过对方收藏的一本奇特的书与歧视自己的富豪结为知音，破解了人生道路上的一堵高墙，还得到了很多的帮助。

不战而屈人之兵！寻找契机，化敌为友，效果就是这么奇特。

有同一个战壕里的战友，就会有站在对立面的敌人。人间就是这样，要在人群里好好生活，就不能简单地对抗。面对无法绕过去的一堵堵“墙”，用心寻找契机，积极行动，努力化敌为友，使阻挡自己的“墙”自动降低、自行瓦解。

人间心语

面对无法绕过的一堵堵“墙”，要用心谋划并积极行动，努力寻找契机化敌为友，使眼前的“墙”自动降低、自行瓦解。不要动不动就来一个“破墙而入”，撞得头破血流，却寸步难行。

善待“敌人”，弱化敌意

人在江湖，身不由己！但是，主动采取善意的行动，确实能使自己的江湖风浪小一些，雷暴少一些。

总有一些人因为各为其主的身份、根深蒂固的偏见等原因，很难放弃对抗你的心态和行动。此时，尽管无法化敌为友，依然可以不战而屈人之兵，通过善意的行动弱化对方的敌意，减少对抗的程度。在特殊的环境里面，与自己的敌人共同拥有难得的轻松与和谐。

一个美国小伙子感动一只母狼的故事说明，哪怕是天敌，也会在善意的感召下渐渐地放下利爪，报以温柔。

一个美国小伙子从小就想做水手，他向往外面的世界。高中毕业后就去阿拉斯加伐木赚钱，然后环游世界。

一天，在阿拉斯加的山林里，小伙子与另一个伙伴听到狼的嚎叫声，他们很紧张。四处搜寻后发现，是一只母狼的脚被捕兽器夹住了，正在哀嚎。小伙子一看到那个奇特的捕兽器，就知道是一名老伐木工制作的。这个老工人业余时间用捕兽器捕兽，卖毛皮补贴家用。但是，这个老工人因为心脏病发作，已被直升机送到山外的医院了。他们知道，如果不松开捕兽器，这只母狼会饿死，因此他们想释放母狼。但是，母狼很凶，他一靠近，母狼就凶狠地向他咆哮。此时，他又发现母狼在滴乳，他明白，狼穴中还有小狼，在等待这只母狼回家。

为了解救母狼一家，他与同伴又费了九牛二虎之力找到狼穴，将四只小狼抱到母狼身边，让它们去吃奶，以免饿死。同时，他们又弄来一些食物给母狼吃，以维持母狼的生命，晚上还在母狼附近露营，保护这个狼家庭。因为母狼被夹住了，小狼还很幼小，它们无法自卫。

到了第五天，他去给母狼喂食时，发现母狼的尾巴轻轻地摇动了一下。他知道，他已开始获得母狼的信任了。又过了三天，母狼看着他的眼神充满温馨，没有一丝敌意。于是，他轻轻地靠近母狼，把兽夹松开，把母狼释放出来。

母狼获得自由后，伸出舌头轻轻地舐了他的手，静静地让他在它的脚上上药。然后，带着小狼走开，一路上还频频地回头向他张望。

受到人类伤害、本来对人充满敌意的母狼，在善意行动的感召下，渐渐弱化了敌意，恢复自由和力量后也不会伤害这个善良的小伙子。人与动物之间是这样，人与人之间更是如此。炮火连天的战场上，敌对的军队之间也能因为善意而赢得和谐，尽管是局部的、短暂的。在抗美援朝战场上，中美两国的军队之间就发生过令人感叹的事例。

有一段时期，志愿军的一个连队驻守在高山上，靠下雨才有水喝，如果几天不下雨，部队就要断水。而在山脚下有一条潺潺流淌的山泉，它流经一块巨大的岩石时，形成了一个清澈见底的深潭。

因为雨水很少，敌我双方都极为缺水。但是，那潭水正好处在两军阵地的中间地带。为了争夺山下的水源，敌我双方互相干扰，发现对方有人来取水就开枪。因此，每次去取水，双方都会有伤亡。

后来，战士们议论纷纷，认为在长期对峙的情况下在饮水上卡敌人的脖子，有损我志愿军威武之师、仁义之师的形象。于是，连排干部和战士们商量后，决定对敌人网开一面，给对方水喝，也给自己取水开出一条活路。打仗归打仗，喝水归喝水！

为此，连里一个战士把炭灰磨细，和水做成墨汁，然后在一张牛皮纸上画上钟表的符号，在标着7点至9点的弧线上写上“U.S”两个字母，同时在此处画上我军特有的转盘式冲锋枪，再在冲锋枪上画了一个大叉。意思是，每天上午7点至9点是美军取水的时间，中方不会对取水的美军射击。

随后，志愿军战士将这张停火取水告示牌挂在潭边，并且在指定时间履行了承诺。没过多久，美军就明白了中方的意思，他们不仅按时派人大大方方地前来取水，有时还在规定时间内洗澡，赤着身子欢快跳舞。几天后，潭边岩石上出现了一个用刀子刻画的大拇指，旁边写着“Good，Good”。

后来，双方取水的的时间越来越自由，士兵们在水潭边不期而遇时，也会相视一笑，善意地挥挥手，没有谁开枪射击对方。据说，双方还偶尔互赠纪念品。

如果你觉得这两个事例离自己很远，那么，看看世人敬爱的周总理吧，看看他是怎样在坚持原则的基础上善待自己的对手，又得到了怎样的回报。

① 让他们吃饱了再走

20世纪60年代，中国和前苏联的友好关系破裂，爆发大规模的论战。双方在各自举行的国宴上发表的正式讲话中，经常有批评对方的言论。每当这样的言论出现后，参加宴会的有关国家的外交人员就会立刻离席，以示抗议。

开始一段时间，我国外交部习惯的做法是，把正式讲话安排在上热菜以前。因此，每次宴席还没有开始多久，正式讲话就开始了，不少苏联和东欧国家的外交人员因此就站起来离席抗议，饿着肚子就走了。一天，周总理注意到这个现象，就指示外交部礼宾司，以后正式讲话晚一些，放在上第三道热菜之后，“让他们吃饱了再走”。

后来，苏联和东欧国家的外交人员发现了这个变化，通过私人关系了解到这个变化的由来，对周总理更加敬佩。尽管很长时间中国与那些国家之间的关系很冷淡，充满对抗，但那些国家的驻华外交人员不仅一直对周总理充满敬意，对中国的态度也改善了很多。

② 照顾对方的正常需求

1971 年 7 月 9 日至 11 日，美国总统国家安全事务助理基辛格秘密访华，其访问的两个任务是：商谈美国总统尼克松访华日期及准备工作；为尼克松进行预备性会谈。访问结束后，发表了一份联合公告。

在讨论联合公告时，双方对公告稿有争议，主要有三处：一是尼克松来华访问是谁主动提出的；二是会谈要讨论哪些问题；三是来访的适当时间。原稿中对第一点说是尼克松要求来访，中方邀请。基辛格不同意，说这样写让人误以为像个旅游者。

周恩来考虑到，如果说尼克松要求来访，我们才邀请，他们的面子难看，于是建议改成“获悉”尼克松想来访，我们邀请，这样就避免了谁是主动的问题。对会谈要讨论的问题，在“谋求两国关系正常化”之后又加上“并就双方共同关心的问题交换意见”。关于来访的时间，改为 1972 年 5 月之前，不说具体日期，以便对方灵活安排。

修改后的公告稿，基辛格看了很满意，认为中方设身处地考虑了美国方面的意见，同他们的要求非常接近。他马上表示同意，并在“接受了邀请”前面加上了“愉快地”一词。同时，在日后的各项协商工作中，都比较坦诚友好，像对待盟国一样。

基辛格后来回忆说：“我们各自陈述对世界事务的观点，态度之坦率，即使在盟友之间也是很少能做到的，而内容之深刻，只有在一位伟人面前才会经历得到。”

③ 顺应对方的正当喜好

1972 年 2 月，美国总统尼克松访华。为了表示对客人的尊重和友好，周恩来亲自为乐队挑选了晚宴上演奏的乐曲。其中的许多乐曲都是尼克松喜欢的，包括尼克松在总统就职仪式上演奏过的《美丽的阿美利加》。而且，因为当时中美两国尚未建交，还处于敌对状态，国内一些官员们对演奏歌颂美国的音乐有意见。因此，周恩来专门去看望正在练习的军乐团，向他们解释和说明，亲自指导和督促军乐团练习几首美国乐曲。

在欢迎宴会上听到自己最喜欢的美国音乐，尼克松深受感动，在宴会上发表讲话时，抛开了准备好的书面讲稿，发表了一通热情洋溢的讲话，比他在西方盟国那里还要热情。“我们不仅要特别赞扬那些准备了这些盛大晚宴的人，而且还要赞扬那些为我们演奏美好音乐的人。我在外国从来没有听到过演奏得这么好的美国音乐。”

随后的一天，1972 年 2 月 22 日上午，当周总理前往尼克松住的钓鱼台国宾馆与他会谈时，尼克松总统在门口迎接周总理，并抢先一步像周总理的助手那样，热情地帮周总理脱下大衣。

面对战场上的敌军士兵，敌对国家的领导人和外交官员，尚且能够通过善意的行动弱化敌意，普通人之间，还有什么理由拒绝善意的行动呢？即使彼此之间关系不好、矛盾很多，依然可以通过善意的行动来弱化对方的敌意，减少一些对抗的行为，赢得暂时的友好、局部的和谐。

要在人群里好好生活，面对身边无法摆脱的对手时，多用热情和温暖的行动来弱化对方的敌意，不要一味地用狂风暴雨来攻击对方。

人间心语

即使彼此之间关系不好、矛盾很多，依然可以用热情和温暖来弱化对方的敌意，减少一些对抗的行为，赢得暂时的友好、局部的和谐。

本章小语

自己的人生舞台上充满欢歌笑语才是真正的成功，孤单、寂寞，被身边的人遗弃是最可怕的贫穷，也是最大的失败。

毫不夸张，在人间最珍贵的是真情，最恐怖的是敌意。因为，多一个朋友多一条路，多一个敌人多一堵墙！

要做到不战而屈人之兵，就要用心与身边的人相处，要学会妥协，宽容过错，忘掉仇恨，保持一颗平和的心；还要学会主动说明，坦荡示弱。实在绕不开的“敌人”，要懂得善待他们，还要积极寻找契机，化敌为友。

能和则能共存共荣，不和势必同归于尽！

第六章　用心呵护自己的缘分

人生的喜剧不嫌多，悲剧不嫌少。缘分需要用心去保鲜加温。

车祸猛于虎！

在都市里生活的人们都知道，不断发展的现代交通既为我们提供了方便、舒适和享受，也给我们带了烦恼和忧愁，并不断制造出一个个骇人听闻的交通事故。“车祸猛于虎”的箴言，早已从警告变成了现实。

我们还知道，伤害他人的各种各样的交通事故中，故意的极少，绝大多数都是无意的，包括酒后醉驾。但是，尽管不是故意，尽管大多数人品性不坏，但出现交通事故依然要承担法律责任。因为，他们确实伤害了他人，应该承担相应的责任。

交通事故如此，人际关系也是这样。许多人都没有恶意，甚至是好心，却让身边的人不开心、很郁闷，进而影响彼此之间的关系，给自己埋下了悲剧的种子。

要在人群里面好好生活，需要带着清醒的头脑面对自己的生活环境，用心呵护自己的种种缘分。尽管你怀着一颗君子之心，也要启动智慧，避免糊里糊涂地出错，伤到自己，并伤到别人。毕竟，人生舞台上需要拉着身边的人陪自己演绎人生大戏，而且喜剧不嫌多，悲剧不嫌少。

及时转换角色，适应环境

1848 年，英国女王维多利亚与自己的表哥阿尔伯特公爵结婚了。

阿尔伯特公爵很喜欢看书，没事的时候经常一个人在书房里，别人要见他就要去书房里找他。

新婚不久的一天，女王去书房找阿尔伯特公爵。来到书房，发现房门紧闭，于是敲门。

“谁呀?”阿尔伯特公爵问。

“英国女王!”维多利亚女王回答，王者气派昭然。

很长时间过去了，房门却没有打开。女王又敲了好几次，房门还是紧闭着。显然，阿尔伯特公爵不愿意开门。

女王在门口站了好一会儿，突然感悟到什么。赶紧再次敲了敲门，然后温柔地说：“我是你的妻子，阿尔伯特。”

很快，阿尔伯特公爵笑嘻嘻地打开了房门。

这是一个很经典的小故事，很有意义。它告诉我们，每个人不仅是自己人生大戏的主角，同时是一些人的人生大戏的配角。更重要的是，经常变换舞台，经常面对不同的人，需要及时转换自己的心态和言行，适应新的角色，这样才能与身边的各种人友好相处，和谐地在一起生活、共事。

这个事例也许离我们很远，那看看身边的事例吧。

杨女士和谢先生自由相恋后结婚，岁月在平淡和磕碰中渐渐流逝，过了十多年了也没有出现什么大危机。但是，自从杨女士一步步升迁后，情况发生了变化。

四年前，38 岁的杨女士升迁到一个局里当负责人。一年半后，杨女士凭自己的能力在圈内干得很好，对丈夫也上心，多次为丈夫安排了更好的工作。

但是，因为是一名领导，忙碌的工作和身处的环境使得杨女士的脾气改变很多，不知不觉中将在单位里的“领导状态”带到了家中，对丈夫说话越来越像下命令。开始，谢先生很体谅妻子，自己也任劳任怨，家中的家务基本都是他做。但是，不久后谢先生经常听见公司同事私下在谈论自己，说他是靠老婆吃饭、活得窝囊、不像个男人，等等。听到这些话，加上妻子确实经常像对待下级一样对待自己，谢先生觉得自己活得很窝囊，觉得老婆把自己当佣人，而不是把自己当丈夫。因而经常郁闷，经常在家里反抗杨女士的指示，两人经常吵架。

尽管谢先生开始反抗，杨女士还是一如既往，回到家里也是一副领导做派，不像一个妻子。谢先生越来越觉得别扭，渐渐地，经常以“出差”之类的借口不回家。半年多以后，“出差”的实情被杨女士发现了，她十分生气。一次，趁丈夫又一次“出差”，她把自家大门的锁都换掉了。谢先生回家时发现锁被换了，两人又大吵一架。在吵架时，杨女士还说：“这房子，包括这房子里所有东西都是我买的，换把锁不可以吗?”

就这样，两人越闹越僵。第二天，谢先生留了一张纸条就离家出走了。纸条上写着：我们分开比较好，家里东西都是你的，我用不起。

尽管杨女士多次给丈夫打电话、发短信，向丈夫道歉，想了很多办法请丈夫回家，表示自己会改掉坏脾气。但是，谢先生不仅不回家，还辞去了妻子帮他找的工作，一副抗争到底的架势。

为此，杨女士很痛苦，不知道怎样才能让伤心的丈夫回家。

及时转换自己的角色，适应所处的环境，适应身边人的需求愿望，就是这么重要。因为，人间是个大舞台，一个人要演绎多种角色。在下属面前是上司，在上司面前是下属，在妻子面前是丈夫，在老公面前是老婆，在自己的父母面前是孩子，在自己的孩子面前是长辈，在岳父、岳母面前是女婿，在公公婆婆面前是媳妇，在同事面前是同事，在同学面前是同学……不管你愿意不愿意、习惯不习惯，既要与时俱进也要与时俱退，来一个华丽的转身、变脸，及时转换自己扮演的角色，适应自己在特定环境里的身份。否则，身边的人会别扭，自己也不好受。

事实上，夫妻不和、婆媳不和、姑嫂不和之类的现象之所以很普遍，就是因为很多人没有及时转换自己的角色，没有适应新的环境。有的人在婆婆面前像在自己的母亲身边那样懒散、随便、放肆；有的人对待已经娶妻成家的哥哥还像儿时那样嬉笑吵骂，索要这索要那，完全不顾身边还有一个嫂子；有的人半夜三更在合租的房子里面大声吵闹，随意折腾，像在自己个人的家里一样，全然不顾房子里的其他邻居；有的人对待上司的批评，像对待老爸的唠叨一样……

如果你是领导、老板，在自己的亲人面前要注意，不要总是一副领导的气派。对亲人的态度表情，不要像对下属一样严肃认真；开口说话，不要像在会议室作报告。而且，应该承担起自己作为家庭一员的责任，炒菜做饭，打扫卫生，与家人一起上街购物。这样才能给自己的家带来笑声，让家人开心。

如果你是个职业经理人，参加老同学聚会的时候，就不要那么中规中矩，不要一副不苟言笑的职业形象。穿着随便一点，说话随和一点，笑得爽朗一点。这样才不会令聚会尴尬冷场，才能在热热闹闹中找回同学之间的情谊。

如果你与公公婆婆在一起生活，就不能像与自己的父母住在一起那样随随便便，不能一副千金小姐的模样。需要多一份谦恭，多一份服从，多一份礼让；还要少顶嘴，少强调自己的习惯喜好，毕竟，虽然都是长辈，公公婆婆与自己的父亲母亲不一样，看儿媳的眼光与看女儿的不一样，对儿媳的期待与对女儿的也不一样。

上班了，面对老板就不要像面对父母那样，面对上司也不要像在校园里面对老师那样。因为，老板、上司不会像父母那样呵护你，不会像老师那样耐心辅导你。你的傲慢、懒散、随意、无礼，招来的不会是一笑了之，不会是耐心的批评教育，而是严厉的眼神，还有让你恐惧的惩罚。

嫁人了，面对自己的老公，就不能像对待一个追求者，不能忘了做妻子的责任。对自己的老公温柔一些，家务活也要多做一些，不要总是一副高高在上的公主模样，不要只是在那里等着老公无微不至的照顾。毕竟，夫妻是平等的，男人要呵护女人，女人也要照顾男人。

与自己的家人聊天的时候，不要像讨论工作问题那样严谨；对待家人用钱就不要像在单位里做会计那样锱铢必较；家里有分歧、矛盾的时候，拌嘴的时候，尽量和谐，不要像对待工作上的事那样，非得弄得明明白白、清清楚楚……

总之，在工作环境里面，面对工作伙伴要亮出职业精神；在家里、与家人在一起时，要体现出亲情；在外面与朋友们相聚相处时，多展示热情；与熟悉的朋友在一起时，不要拘谨；与不熟悉的朋友在一起的时候，不要太放肆……

要在人群里面好好生活，一定要学会华丽转身，及时入乡随俗。在不同的环境，面对不同的人，及时“变脸”，适应当下的身份，用心呵护自己的缘分。

人间心语

人间是个大舞台，一个人要演绎多种角色。不管你愿意不愿意、习惯不习惯，一定要学会华丽转身，及时转换自己扮演的角色，入乡随俗，适应自己在特定环境里的身份。

心灵空间有雷区，注意避开

人是群居动物，但有自己的个人隐私，而隐私事关个人的尊严和体面。因此，要充分尊重别人的独立性，把别人当成别人，不要侵犯他人的隐私。

意识到很重要，但是还不够，还要注意隐私之外的敏感，不要说出一些容易引起别人误解和反感的话。

用一句形象的比喻，要注意避开别人的心灵雷区，不要闯进去。

心灵雷区，是最脆弱最敏感的心理空间，具体而言，就是容易让人敏感、猜疑、自卑的地方。不夸张地说，每个人的心灵深处都有一片或几片心灵雷区。言谈中如果大大咧咧、随随便便，就可能闯入别人的心灵雷区，给他们的心灵造成伤害。可能引发他们的反感、厌恶，伤害彼此之间的情谊。甚至可能引来报复，给自己竖立一堵堵“墙”。

在人群里面生活，与各种各样的人打交道，需要明白心灵雷区的危险，尽量避开别人的心灵雷区。即使关系很亲近、很熟悉，也不要闯入别人的心灵雷区。否则，依然会造成不良影响。

一次不欢而散的同学聚会见证了心灵雷区的敏感和易爆。

一个周末，几个毕业十几年了的大学同学聚在一起喝酒。其中老李不久前因经营不善关了自己的公司，赔了不少钱，还欠了不少债。老婆也因为生活压力大、担心孩子受影响等原因要与他离婚。陷入这样一个内外交困的处境，老李确实很痛苦。

老同学的遭遇大家都知道，班长老周召集大家聚在一起喝酒，就是想安慰一下老李。想告诉他，不管怎样老同学的情义不会变，有什么困难，老同学都会力所能及地帮他一把。

同时，为了避免老李伤心，大家在酒桌上都只谈学生时期的往事，避谈事业、生意、财富、老公老婆之类的事。开始时气氛不错，酒桌上充满浓浓的同学情，氛围越来越热烈，喝酒越来越痛快。渐渐地，老余有点醉了，跑题了，开始谈论自己的生意经。由于不久前做了一个大项目，赚了不少钱，在酒精的作用下豪气冲天，不断打断其他人的话，大谈自己的赚钱门道和潇洒的生活。那副得意洋洋的表情，弄得几个同学面面相觑，老李更是脸色阴沉，一个人默默地吃东西，一会儿去趟洗手间，一会儿出去打电话，没等散席就找了个借口第一个离开了。

召集聚餐的老周送老李离开酒楼。在门口，老李脸色铁青，愤愤地说："老余有本事，厉害，也不瞧瞧自己是个什么人！当年要不是我帮他，他的论文能写好吗？哼！"

事后，老余听其他同学说了自己的酒后失言，觉得很惭愧，专门请老李和老周吃饭，向老李赔礼道歉。毕竟是老同学，说几句就过去了。但是，老李、老余心里还是有一点阴影难以抹去，在一起的时候很难像以前那样亲切随意了。

心灵雷区就是这么敏感，很容易引爆。我们每个人的心灵都很脆弱，都有一片片瓷器花瓶般敏感脆弱的心灵雷区。

请看：

收入低、生活贫困的人，"豪宅"、"名车"、"出国旅游"、"穷光蛋"、"没本事"、"亿万富豪"、"穷鬼"之类与金钱财富有关的东西，是他们的心灵雷区。

大龄未婚的人，"剩男"、"剩女"、"光棍"、"幸福"、"家庭"、"老公"、"老婆"之类与婚姻家庭有关的东西，是他们的心灵雷区。

刚刚失恋的人，"玫瑰"、"浪漫"、"被人甩了"之类，与爱情和情场有关的东西，是他们的心灵雷区。

个人形象有缺陷的人，"帅"、"漂亮"、"靓"、"丑"、"小矮个"、"肥仔"、"太平公主"、"电线杆"、"秃子"之类描述形象魅力和侮辱缺陷的词语，是他们的心灵雷区。

来自农村的人，"老土"、"土老冒"、"乡巴佬"、"穷乡僻壤"之类侮辱农村人的词语，是他们的心灵雷区。

脆弱且敏感的"瓷器花瓶"还有很多。生活、工作、事业成就、金钱财富，任何方面有不如意之事就会出现心灵雷区。即使心态不错，也很容易受伤。如果你闯进了别人的心灵雷区，性格内向、怯弱者经常只是默默地郁闷，或者低头离开，暗地里流泪，带着怨恨离你远去。性格急躁者，会强烈地反应，用充斥着怨气的语言、粗鲁对抗的动作来表达对你的不满。

因此，身边有人时，要注意自己的言行，不要闯进别人的心灵雷区。当然，这种情况不可能完全避免，毕竟会有很多情况不了解。但是，对身边那些经常在一起生活共事的人，要做到张弛有度，要注意观察、了解，保持清醒的头脑。细心控制自己的言谈举止，避开别人的心灵雷区，不要莫名其妙地闯入。事实上，做到这点并不难，只要细心一些就能发现，容易引起敏感的联想、引发自卑和怨气的东西就是他们的心灵雷区。

用心呵护自己的缘分，不要闯进别人的心灵雷区，首先不要恶意挑衅，不要明知故犯。这不仅是避免给自己树敌的基本策略，也是做人的基本原则。“良言一句三冬暖，恶语伤人六月寒。”恶言恶语的杀伤力巨大，会让对方刻骨铭心，对你充满怨恨，会把你的痛苦作为自己的快乐并为之而努力。即使一时半会儿无力报复你，总有人会想着不让你快乐，你又如何能够安心生活呢?

用心呵护自己的缘分，没有恶意也要小心。不要抱怨别人太敏感多疑，人性如此，客观的差别会造成心理的落差。面对比自己状态更好或是地位更高的人，难免会自卑，心灵很敏感、很脆弱。不仅会“言者无意，听者有心”，而且会联想很多、很远、很离奇。即使你没有恶意，不经意的一个眼神、动作、话语都可能让敏感脆弱的心灵产生错觉、受到打击，埋下怨恨的种子。

例如，一个人习惯高昂着头，走路的时候目不斜视，很少主动向遇到的人打招呼。如果这个人是一个领导干部，身边的人就会觉得他太傲慢了；反之，如果他只是一个普通员工，身边的人只会觉得他性格太内向，甚至有点古怪，不懂得人情世故。

在人群里面生活，要用心呵护自己的缘分。即使你很善良，没有害人之心，也要经常提醒自己，注意身边的人的心灵雷区，不要糊里糊涂地闯进去，莫名其妙地给自己招来怨恨和报复。尤其是与某些方面比自己更弱小、更困难的“弱势”者在一起的时候，更要注意。因为，此时他们的心理更敏感、更脆弱，更容易产生误解。

人间心语

用心呵护自己的缘分，不要闯进别人的心灵雷区，首先不要恶意挑衅，不要明知故犯。这不仅是避免给自己树敌的基本策略，也是做人的基本原则。

先小人后君子，保护缘分

“我向来是不惮以最坏的恶意来推测中国人的，然而我还不料，也不信竟会下劣凶残到这地步。”这是鲁迅先生在《记念刘和珍君》中的一句话，很渗人，很揪心。但是，我们不得不承认，现实很残酷，鲁迅先生的这句话没有过时。在我们身边，无耻、贪婪、凶残等各种各样令人扼腕的“小人”行为实在是太多了。而且，很多就发生在我们的亲朋好友之间，被人称为“杀熟”。

善良的张女士就有一次惨痛的教训。

几年前，一个朋友要开餐馆，向张女士借2万元钱。由于是认识多年的熟人，张女士答应了，没有让朋友写借条就把2万元借给他了。开始时，那个借钱的人按照约定，每个月通过邮寄还给张女士800元。但是，到了第20个月，那人突然停止还款。张女士有点急了，催促对方还款。没想到，钱没有等到，却收到了法院告票，那个借钱的人竟然以张女士欠他1.6万元不还为由把张女士告上法庭。

张女士心想，明明是我借给他钱，怎么反变成欠他钱了呢？在法庭上肯定能跟法官说明白，这官司我一定会赢！于是，她没有请律师，自己出庭。但是，在法庭上，张女士虽然说出了事情的原委，却拿不出自己借钱给对方的证明。而对方却拿出一叠按月寄钱给张女士的证据。

就这样，法院判张女士败诉，需要限时还对方1.6万元，还要加上利息。为此，张女士后悔不已，“当初怎么连个借条都没向他要？太相信他了。”

这样的事例并不罕见。很多人借钱给朋友、亲戚的时候，碍于面子，或是自以为关系亲密，没有要对方留下借条之类的凭证，最后却遭遇赖账，或被倒打一耙，只能认倒霉，找一肚子的怨气。一些亲朋好友合伙做生意的时候，由于不好意思开口谈论各自的股份、利益分配的标准，等等，事先没有说清楚，最后在分配利益的时候纠结不清，争吵不断，不得不散伙走人，多年的亲情、友情也烟消云散。

怎么办？

先小人后君子！说出该说的话，定好该定的规矩，立下该立的字据，留好该保留的法律文件，给自己和他人的利益、责任提供充分的保障，并保护好彼此之间的一场缘分。

要与身边的人继续和谐友好地相处下去，彼此之间的利益、责任、义务发生关系时就要“先小人后君子”。否则，事先没有明确好双方的关系、各自的责任义务等，没有明确的字据文本，即使双方都不是恶人，没有谁想要去伤害对方，也会因为正常的自私心态产生矛盾、异议，出现争执了也会站在各自的立场上，公说公有理、婆说婆有理，是是非非缠绕成一团乱麻，最后两败俱伤，谁都不开心，亲情、友情荡然无存。

先小人后君子！以“亲兄弟明算账”的心态面对身边的人，丑话说在前面，主动提出自己的愿望，认真地要求对方说清楚、立字据、签协议，等等，避免隐藏祸根，避免为产生矛盾纠纷埋下伏笔。

说起来很简单，但有些人却很难开口提出要求。尽管如今社会上拜金风气盛行，很多人在与自己的亲朋好友打交道时依然很腼腆。自己的利益、权利、需求、愿望难以开口说出来；别人提出的不合理要求、自己难以承担的要求不想答应，却难以开口拒绝；别人来借钱时，不好意思要人家写借条；别人还钱时，不好意思认真清点；等等。毕竟，中国几千年形成的礼仪之邦的文化很厚重，长期形成的心理屏障不是那么容易突破的。

但是，要呵护彼此之间的一场缘分，必须先小人后君子！其实，这样的“小人”不是小人，而是真人，是高人。只有坦坦荡荡地说好该说的话，写好该写的文，才能避免自己受伤，才能避免情谊被利益清算、亲朋好友变成敌人的悲剧。而且，按照“君子坦荡荡，小人常戚戚”的古语来看，坦坦荡荡地与自己身边的人说清楚责任、利益之类的事项，这是真正的君子，不是小人。因此，在自己和亲朋好友的权益、利益面前，应该一是一、二是二，清清楚楚、明明白白，没有理由怯弱不安。

先小人后君子！不要以为这是多此一举，没有必要。只要你重视自己的合法权益，同时珍惜彼此之间的缘分和情谊，就要在责任、利益上说清楚、写明白。

看看媒体的报道、身边的事例就知道，因为利益、责任问题而闹纠纷的大部分都是关系密切的人、互相信任的人。而且，除了少数事件是有人预先心怀叵测，大部分纠纷中都没有谁故意使坏，只是因为个人的感觉不同、想法不同而出了问题。事实上，如果不是原来很熟悉、很信任，或是有某种血缘关系、亲情关系，就不会在利益、责任等重要的事项上牵扯在一起。但是，就是因为没有“先小人后君子”，没有“丑话说在前面”，没有“亲兄弟明算账”，导致很多事情说不清，最终引发矛盾，伤害了某个人、某些人的权益，也使得原有的良好关系破裂了。

先小人后君子！不管你面对的是亲朋好友还是陌生人，不管是私人事项还是工作事项、商业事项，坦坦荡荡地先做“小人”，用明确的、有法律效应的文字内容逼着大家都做“君子”，保护自己，保护彼此之间的亲情、友情，呵护自己的缘分。不要怯弱地当“君子”，最后把大家都弄成“小人”，不仅失去了合法权益，也失去了原来的情谊。

在人群里面生活，要学会“先小人后君子。”不要以为自己和身边的人关系密切就不会出事，不要以为发生在别人身上的悲剧、笑话不会在自己身上重现。毕竟，人之初，性本私。大家都是普通人，都有自己的愿望需求，即使都不是小人，没有谁故意想伤害谁，也会因为利益需求的冲突、意见观念的不同而产生分歧，同样会有矛盾冲突。还有，每个人的背后都有其他的亲朋好友，他们有很多说法、想法，都会对事情产生影响。如果没有明文约定，事到临头了，大家才聚在一起商量解决利益问题、责任问题，最终只能是一团乱麻，外加无休止的争吵，结果每一幕都是悲剧。

人间心语

坦坦荡荡地先做“小人”，逼着大家都做“君子”，保护自己，保护彼此之间的亲情友情。不要怯弱地当“君子”，最后把大家都弄成“小人”。

诚实守信，赢得尊重与信任

假如身边有这么一个人，他经常对你说一些好听的话，让你很开心。但是，他很快就忘了自己说过的话，让你空欢喜一场。这样的人，你还会信任他吗？还会拿他当朋友吗？

如果他还经常当面一套，背后一套，欺骗你，伤害你，你不会记恨吗？不会盼望有机会给他一巴掌吗？

大家都是有正常人性的普通人，将心比心就会明白，要赢得别人的尊重和信任，首先就要诚实守信，不要经常玩虚的。否则，身边的人不会成为你的“路”，只会变成你的“墙”。没有人愿意与说空话、喜欢欺骗的人打交道，更不愿意将自己的安全、财产、未来托付给这样的人。对于欺骗过自己的人，更是充满仇恨，会想办法、找机会报复，至少不会帮助他。

在人群里面生活，要使得身边的人愿意当自己的“路”，不会变成自己的“墙”，需要用心呵护自己的缘分，对身边的人诚实守信。

诚实守信的价值丰厚，几个事例足以见证。

事例一

广东潮州城外有一座桑埔山，很久很久以前，山上有一座古寺，住持和尚叫云寂。随着时光的流逝，云寂和尚到了垂暮之年，身体一天不如一天，他知道，自己的日子不多了，要为寺庙的未来做好安排了。

一个春暖花开的日子，云寂和尚把他的两个弟子——一寂和二寂，召到方丈室，交给他们每人一袋稻谷种子，要二人去播种，等稻子成熟收获后带着自己的收获来见他。他还对弟子们说，谁的收成多，就继承自己的衣钵，做庙里的住持。

几个月后，到了稻谷成熟收割的季节，两个弟子相继来见师父。面见师父时，一寂挑来了一担沉沉的稻谷，二寂却是两手空空。

云寂问二寂："为什么一无所获？"

二寂惭愧地回答说："我没有管好稻田，稻谷种子播下后就没有发芽，我怎么浇水、施肥都没有用。所以，颗粒无收。"

云寂听罢，点点头，然后把住持的袈裟和瓦钵交给二寂，指定他为未来的住持。

一寂不服，嗔怪师父偏心："您说过，收成多的继承衣钵，做庙里的住持。我的收成很多，二寂师弟颗粒无收。为什么不是我做住持，而是师弟？"

云寂摇摇头，说道："我给你们的稻谷种子都是煮过了的，发不了芽。"

一寂听了师父这句话，面红耳赤，羞愧地低下了头。

事例二

一个年轻人到一家大公司去应聘一个重要岗位。由于各方面的条件都很不错，他很顺利地从众多的应聘者中脱颖而出，与几个人一起进入了最后一轮面试。

由于岗位重要，公司的总裁亲自面试。当这个年轻人一跨进总裁的办公室，总裁就出现令人吃惊的表现，带着疑惑和吃惊的表情。总裁认真地看了他两眼，又拿起桌上的简历仔细地看了一会儿，然后惊喜地站起来，跑过来紧紧握住他的手说："世界真是太小了，真没想到会在这儿碰上你！上次在东湖游玩时，我的女儿不慎掉进湖中，多亏你奋不顾身地跳下水去将她救起。我当时忙于照顾女儿，还没有询问你的名字，你就偷偷地跑了。刚才看到你的简历就觉得有点眼熟，看到你本人才知道，原来就是你！"

这个年轻人被弄糊涂了，但他很快便想到，可能是总裁认错人了。于是，他平静地说："总裁先生，我从来没有在东湖救过人，你一定是认错人了。"但是，无论这个年轻人如何解释，总裁依然一口咬定自己不会记错，还叫这个年轻人不要太谦虚。这个求职的小伙子也很倔犟，坚决不承认自己曾经救过总裁的女儿。

两个人僵持了一阵，总裁突然停了下来，微笑着拍了一下这位求职者的肩膀，说："好了，我同意你的说法，你不是那个救人的人。"

求职者松了一口气："请您面试吧。"

总裁笑了，对求职者说："你的面试结束了，你通过了。明天就可以到公司来上班，现在就去人事部办理入职手续吧。"

原来，这就是公司总裁的面试，目的就是考核求职者是否诚实，是否会为了自身的利益而弄虚作假。在这个小伙子之前就有几位求职者，条件也不错，但是，在面试的时候看到总裁坚持自己是救了他女儿的人，就想将错就错、乘机拉近关系，最后被总裁淘汰了。这个年轻人在面试的时候没有弄虚作假、将错就错，而是坚决拒绝承认自己救过总裁的女儿。因此，展现了诚实的美德，通过了总裁的特殊面试，得到了自己向往的机会。

事例三

丁大卫，一个出生于普通美国中产家庭的美国人，大学三年级时到北京大学做了一年留学生。回国后，在肯塔基州的艾斯伯里学院拿到了古典文学硕士学位，这期间，他发现自己更喜欢做老师。毕业后先在日本工作了一年，1994年，他来到珠海，在珠海第一家私立小学恩溢国际学校任英语教师。后来又去大西北，在大学里面当老师。最后选择了一个很偏僻的山区小学，教育那些贫穷的孩子。

这位美国外教的工作很普通，像无数普普通通的中国教师一样尽心竭力地教育学生、帮助贫困地区开展教育。因此，他感动了数亿中国人。出于对丁大卫的感动和信任，全国各地很多人给他写信、寄钱，支持他的工作。丁大卫不仅认真地使用收到的捐款，收藏好有关的票据，定期整理，而且将收到的每一笔钱、每一个项目的使用情况都作了详细的记录。从几万元的修学校费用到几元钱的电话费都登记在册。所有的收支账一式三份，县教育局一份，学校一份，自己留一份。同时，他经常写信给捐款人，汇报费用使用的情况，认真地讲述原因。

“又没有人要求你这样，不用这么麻烦吧。”一个跟他很熟悉的记者说。

“那怎么行，人家把钱交到你的手里，总要有交代。”丁大卫很认真地回答。

也正是因为他的这份认真和诚信，很多捐款人都是反复捐助。那个经常采访他的记者在一次调查统计中发现，捐款次数最多的个人已经捐款9次了。

一个古老的传说，一个现代职场案例，一个热心公益事业的外籍友人，都印证了一个道理，天道酬诚！诚实守信之人用自己的行动告诉身边的人，我值得你们信任和善待。因此，朋友多，障碍少，活得更轻松、更开心，走得更顺畅。反之，不重视诚信的人，弄虚作假之人，不会受到欢迎，而且活得很累。因为，一句谎话往往要靠十句谎话来保护，依然摆脱不掉随时被戳穿的危险。即使短时间内会蒙混过关，或是骗得别人的信任、骗得金钱财富，也难以持久。一旦原形毕露，就会被身边的人抛弃，生活在怀疑、鄙视、敌视的环境中。

关于诚实守信，日本著名企业家松下幸之助有一个形象的说法。他说，“一开始就坚持名副其实的信用，等于是为自己储备了庞大的资金。”按照这个描述，诚实守信无异于给自己的脸上贴金。它不仅是做人应有的品性，也是高明的人生策略。

事实上，也许短时间的小利益可以靠聪明和计谋来获取，但一生的大利益一定离不开诚实守信。就像伟人周恩来所言："世界上最聪明的是老实人，因为只有老实人才能经得起事实和历史的考验。"

毫不夸张地说，良好的第一印象是诚实守信，诚实守信也则是在人间通行的信用卡。而且，诚实守信不仅是个人的立命之本，也是人类社会得以形成和发展的文明基础。因为人们是群居在一起生活，个体之间、群体之间都有关联，相互之间很多事情需要协调、配合、交换。如果人们言而无信、变化莫测，承诺的事情随意变化，相互欺骗，人与人之间只能是矛盾不休、争吵不断，什么事情都做不好，大家都活不好，人类社会只会是一团乱麻、乌烟瘴气。因此，无论是东方还是西方，无论是宗教、政治，还是民间文化，对诚信的观点和态度几乎都一致，都是积极倡导和赞美，以至流传下来许多名言佳句。如：

一诺千斤！

君子一言，驷马难追！

言必行，行必果！

人无信则不立！

以实待人，非唯益人，益已尤大。

巧伪不如拙诚！

精诚所至，金石为开。

诚之所感，触处皆通。

百虑输一忘，百巧输一诚。

百心不可以得一人，一心可以得百人。

修学不以诚，则学杂，为事不以诚，则事败。

功成理定何神速，贵在推心置人腹。

成书在理不在势，服人以诚不以言。

老实常在，狡猾常败。

诚实是人际交往中最好的策略。

……

在人群里面生活，离不开别人的帮助，也摆脱不掉别人的干扰。因此，不管你与什么人打交道，都要诚实守信，不要言而无信，更不要故意欺骗他人。这既是做人的原则，也是给自己的脸上贴金，会提升自己在别人心目中的印象分，让身边的人愿意亲近自己、配合自己，使自己的人生舞台上充满喜洋洋的气氛。

人间心语

诚实守信，无异于给自己的脸上贴金，不仅是做人应有的品性，也是高明的人生策略。会提升自己在别人心目中的印象分，给自己带来很多好东西。

将错就错，用温情延续情缘

2010年岁末，贺岁片《非诚勿扰2》在全国上映后，有几句台词成为风行神州大地的时尚酷语。其中一句台词是秦奋向梁笑笑求婚时的话："咱们不试七年之痒了，直接试试相依为命。一辈子很短，我愿意和你将错就错。"还有一句是，"结婚是错误，我们的任务就是将错就错。"

将错就错，不错。面对自己身边朝夕相处的人，经常需要将错就错地走下去，延续自己的情缘。因为，人无完人，相处一段时间后就会发现对方身上有这样那样的缺陷、毛病，或者出现影响彼此关系的一些东西。与此同时，原有的好印象在习惯中渐渐淡化，严重的，会觉得对方与自己印象中的那位相去甚远，不是原来的他或她。此时，伤心、后悔难免，最需要的就是在包容的基础上用心呵护这份情缘，努力减少隔阂和纠结，给情谊加一份保险，还要保鲜、保温，将错就错地走下去。除非你愿意不断地从人群中跳到孤独的荒岛上，在川流不息的人群中做一个心灵孤独的流浪者。

将错就错地走下去，确实很重要。以婚恋为例，女人嫁给什么样的男人都会后悔，男人娶什么样的女人也都会后悔。如果不能将错就错地走下去，怎么过？

女人嫁给什么样的男人都会后悔，即使嫁给有钱、有权的男人，也会经常后悔。

和这样的男人一起生活，衣食无忧，过着很舒适、很奢侈的生活，看起来很舒服、很潇洒。但是，有钱、有权的男人不是锱铢必较的商人，就是忙于应酬的权贵。商人的心里被金钱利益纠缠着，整天要算计投入和产出；权贵男人的心里被厉害关系纠缠着，时刻都要衡量着和谁近一点、离谁远一点；他们没有多少时间给妻子柔情的关爱。何况，如今的社会中，男人有钱就变坏，在这个充满诱惑又缺乏监督的花花世界里，有钱有权的男人难免会陷进去。老婆几乎就是独守空房，精神上、肉体上都很空虚，在豪宅豪车里哭泣是经常的事。看到别人夫妻双双把家还，过着温馨甜蜜的幸福生活，能不后悔吗？

嫁给平平淡淡的男人，会经常后悔。

和这样的男人一起生活，老公每天下班后都回家陪伴自己，经常操持家务，陪老婆逛商场，在家里带孩子，看起来很温馨。但是，这样的男人能力有限，收入不高，关系不硬，没有什么大作为。做老婆的也要出门打工赚钱，很辛苦才能勉强维持温饱。而且，看到别人的老公整天呼风唤雨、四海闯荡，自己的老公平平淡淡、默默无闻，被别人呼来喝去。还有，看到别的女人整天养尊处优、国内国外四处游玩，年过四十依然面容娇美，自己年纪轻轻却已经皮肤粗糙、玉手变形，成了一个黄脸婆，坐飞机去旅游一次都成了奢侈的向往。想想自己的一辈子就这样，能不后悔吗？

嫁给会说甜言蜜语的男人，会经常后悔。

和这样的男人一起生活，经常会有小小的惊喜。你换了一个发型，换了一件衣服，他都会发现，会赞美你几句。你会因此很开心，会有点陶醉。但是，清醒一下就会发现，他也很善于发现其他女人的美，经常会对其他女人说甜言蜜语，因此他很危险，很容易在你乐悠悠的时候，在外面竖起几面“彩旗”，让别的女人与你分享他的柔情蜜意。一想到自己的老公可能又在对哪个女人甜言蜜语，能不焦虑和痛苦吗？能不后悔吗？

嫁给敦厚朴实的男人，会经常后悔。

和这样的男人一起生活，不用担心他在外面有什么风流韵事。他会对老婆忠心耿耿，在街上遇到擦肩而过的美女都不会看几眼。但是，这样的男人实在是太缺乏情趣，一点都不懂女人的心。几乎不会主动给老婆送一件礼物，更别说玫瑰花、巧克力；老婆换了一个发型、换了一身时尚的新装，不会夸一句，甚至不会多看一眼；陪同老婆逛商场，就像一个机器人，使女人逛街购物的乐趣烟消云散。自己的老公这么一副德行，自己的女性美没有人欣赏和赞美，生活如同一潭死水，能不后悔吗？

还有，嫁给帅哥会经常后悔，因为帅哥很吸引女人的目光，会成为其他女人追逐的目标，自己要时刻提防，很纠结、很麻烦；嫁给富二代会经常后悔，因为这样的男人在家里牛气哄哄，在外面拈花惹草，自己只会受气；嫁给一脸冷酷、爷们儿气势十足的男人会经常后悔，因为这样的人不懂得怜香惜玉，自己享受不到温柔体贴……这些原因都会使女人感到后悔。

同理，男人娶什么样的女人都会后悔，也不是夸张。

娶一个相貌平淡、不好看的女人，会经常后悔。

中国古代就有一句话，“丑妻近地家中宝”。想一想都明白，妻子相貌平凡、不漂亮，男人活得很放心、很舒服。一方面，不会吸引好色之徒，不容易红杏出墙，做丈夫的不必提心吊胆地做护花使者。另一方面，不漂亮的女人，成长的过程中没有很多的赞美和宠幸，性格比较温柔，有耐心操持家务，不容易与老公吵架。但是，爱美之心人皆有之，窈窕淑女君子好逑，人性使然。看到街上一个个靓丽的 MM，看到好多不如自己的人娶了美貌妻子，能不后悔吗？

娶一个漂亮的女人，会经常后悔。

食色性也，秀色可餐，娶到一个美女，确实会很开心。但是，喜欢美女的男人到处都是，有钱的、有权的、帅气的，都可能打自己老婆的主意，容易惹是生非，做丈夫的自然会很紧张。同时，美女大多数是在赞美和宠幸中长大，高傲、任性，注重外表，花钱的地方多，不愿意做家务，等等，男人会很累，后悔免不了。而且，随着时间的流逝，红颜老了，审美疲劳了，缺点不足更明显了，男人渴望的温柔贤惠依然不见踪影，能不后悔吗？如果老婆与其他男人有绯闻，更是追悔莫及！

娶一个富豪权贵人家的女儿，会经常后悔。

娶一个富豪权贵人家的女儿为妻，很多小伙子会做这样的美梦。如果真的梦想成真，会像嫁入豪门的女孩一样，风光一时。而且，能减少很多生活的压力。但是，面对时不时冒出“你的一切都是我给的”这类狂言的老婆，还有她背后趾高气扬的一家人，做丈夫的经常会心虚，会抬不起头，什么事都要听她的，还要经常面对一副高高在上的冷面孔。甚至自己的父母在儿媳面前都会丧失尊严，不敢提出自己的要求。看到别人在老婆面前的那种男人尊严，想到自己忍气吞声的爹妈，能不后悔吗？

娶一个喜欢说话的妻子会后悔，因为她整天唧唧喳喳，烦人；娶一个默不做声的妻子会后悔，因为她难得开口，家里就像只有自己一样闷；娶一个喜欢浪漫的妻子会后悔，因为这样的女人太矫情，要求太高；娶一个不懂浪漫的妻子会后悔，因为自己的浪漫情怀得不到响应和回报……这些原因都会使人感到后悔。

总之，人无完人，何况结婚不只是两个人的事，还有背后的两家人，各种各样的矛盾、冲突、不满层出不穷。因此，相爱容易相处难，女人嫁给什么样的男人都会经常后悔，男人娶什么样的女人都会经常后悔，只有将错就错，才能好好过下去。否则，只能是一个人孤独寂寞地流浪在人间。

当然，将错就错地走下去，不局限于夫妻之间。

上大学了，发现宿舍里的几个同学各有各的毛病，经常吵吵闹闹，很郁闷。此时，需要将错就错地走下去，不要总想着换宿舍。因为，哪间宿舍都差不多，都有很多摩擦和冲突。

好不容易找到一份自己向往的工作，上班后发现有很多不如意的地方，上司经常不公正，同事经常不协作，自己经常受委屈。此时，需要将错就错地走下去，不要轻易地跳槽。因为，哪家公司都差不多，都有很多问题和麻烦。

与几个陌生人合租一套房子，发现男邻居太粗心、太不讲卫生，女邻居太小气、斤斤计较，辛苦一天后回到自己的小窝，还要费心折腾一些鸡毛蒜皮的小事，很烦心。此时，需要将错就错地走下去，不要总是在搬家。因为，搬到哪里都一样，哪套合租房里都有很多的吵闹。

相爱容易相处难！何况普通的朋友、同事、同学、亲戚，有缘在一起相处一段时间，就要好好相处，要将错就错地走下去，用心给自己的缘分保险、保鲜、保温。

事实上，许多缘分能够延续下去、没有很快中断，就是因为其中的某个人很用心，用温情给自己的缘分保险、保鲜、保温，甚至加温，将错就错地走下去。

女孩筱丽相貌平平，一个偶然的机会与一个很帅气的小伙子大柱相恋、结婚。孩子出生后不久，大柱踏入商海做生意，筱丽在家里相夫教子，做一个全职太太。

随着生意的发展，大柱渐渐地变了，不仅忙着赚钱、不顾老婆孩子，还经常以应酬为理由在外面鬼混，不到深更半夜不回家。后来，还跟一个供应商的业务代表搞到一起了，包起了二奶，在家里也不与筱丽同床了。这一切，筱丽看在眼里，痛在心里。

但是，筱丽没有放弃自己的这份情缘，也没有大吵大闹，连打电话追问老公在哪里之类的事也很少做，而是用温情给自己的缘分保温、加温。

一方面，她一如既往地照顾孩子，教育孩子，老公回家了就叫孩子与父亲聊天。同时，经常给公公婆婆打电话，嘘寒问暖。逢年过节的时候，不忘提醒老公，带着孩子一起去看望公公婆婆。

周末的时候，只要老公在家里不出门，筱丽就和孩子一起要求老公带自己去外面玩一下。或是开车去郊区，或是一家人去公园逛逛，一家人其乐融融。

“要拴住男人的心，先要拴住男人的胃。”这句话筱丽一直记在心里，并且很努力。一方面，根据老公经常在外面大吃大喝的特点，细心做一些清淡的家常菜，一方面经常学做一些地方小吃，还学会了很多做汤的技巧。只要老公在家里吃饭，就会吃得很舒服。

筱丽很少给老公打电话，没有让老公有受监督的感觉。但是，她经常给老公发短信，通过短信提醒老公注意身体、少喝点酒、少吃辛辣的菜、孩子在家里等他回来，等等。时不时还会发几句诗情画意的短句，给大柱一份浪漫又温馨的感觉。

渐渐地，大柱的心收回来了。晚上尽量回家吃饭，除了推不开的应酬，很少在外面吃吃喝喝。与包养的女孩也分手了，只是在生意上照顾一些，不再像情人那样交往了。

筱丽胜利了，这个家保住了。

缘分需要这样的细心呵护，才能将错就错地走下去。在人群里生活，想要避免悲剧发生，就要珍惜有一些斑斑点点的缘分，用心来为自己的缘分保险、保鲜、保温，甚至加温。

人间心语

相爱容易相处难！有缘在一起，就要珍惜有一些斑斑点点的缘分，用心给自己的缘分保险、保鲜、保温，将错就错地走下去，避免悲剧发生。

给人一个台阶下，化解尴尬

新中国刚成立之时，百废待兴。同时，共产党的领导、干部们也面临新的挑战。许多亲戚、老乡、同学要求他们利用自己的权力关照一下。即使是开国领袖毛泽东的一些亲戚，也通过一些方式提出了这类愿望。

1949年10月，毛泽东的一个亲戚、毛岸英的表舅向三立（毛岸英的外婆向振熙的亲侄子）要调到北京工作，毛泽东因为工作忙，就派儿子毛岸英去探望。见面后，这位表舅交给毛岸英一封信，里面有毛岸英母亲杨开慧的长兄杨开智的一个愿望——希望在长沙担任厅长方面的位置。

毛岸英的这个亲舅舅早年毕业于北京农业大学，曾在南京中央大学任教，后来回湖南从事农林业和茶叶生产技术工作。杨开慧牺牲后，杨开智夫妇和亲友们冒着生命危险，安葬烈士遗体，担当起抚养毛岸英三兄弟的责任。1938年，杨开智又将女儿杨展送到延安参加革命，1941年，杨展牺牲在晋察冀边区。新中国成立后，杨开智被分配到湖南农业试验场负责专业技术。但是，他起初想到北京工作，便给毛泽东写信提出到北京工作的要求。毛泽东回信给他，"在湘听候中共湖南省委分配你合乎你能力的工作，不要有任何奢望，不要来北京。湖南省委派你什么工作就做什么工作，一切按正常规矩办事，不要使政府为难。"为此，他就请要到北京工作的表弟向三立替他出面说情，想请毛泽东关照一下，给他在湖南谋取一个厅长职位。

按照当时的情况，无论从资历还是学历才华，杨开智的这个愿望不过分，不出格。但是，毛岸英知道，这不符合共产党的原则，不符合毛泽东领导人民干革命的心愿。如果拖着不理，或是让表舅直接答复舅舅，拒绝他的请求，表舅会很难办，会很尴尬。

怎么办？

慎重考虑，毛岸英给向三立写了一封信，并请表舅看完这封信后转交给自己的外婆和舅舅。毛岸英在信中写到：

"……新中国之所以不同于旧中国，共产党之所以不同于国民党，毛泽东之所以不同于蒋介石，毛泽东的子女妻舅之所以不同于蒋介石的子女妻舅，除了其他更基本的原因之外，正在于此。皇亲贵戚仗势发财，少数人统治多数人的时代已经一去不复返了。靠自己的劳动和才能吃饭的时代已经来临了。在这一点上，中国人民已经获得根本的胜利。而对于这一层，舅舅恐怕还没有觉悟。望他慢慢觉悟，否则很难在新中国工作下去。翻身是广大群众的翻身，而不是几个特殊人物的翻身。生活问题要整个解决，而不可个别解决。大众的利益应该首先顾及，放在第一位。个人主义是不成的。我准备写信将这些情形坦白告诉舅舅他们……"

问题解决后，外婆、亲舅舅、表舅，还有父亲毛泽东对毛岸英这封信的方式和内容都非常赞赏。因为，他没有违背原则，也给了亲戚们一个台阶下，没有让他们陷入尴尬之中。

在人间生活，就要向毛岸英学习，细心关注别人的尴尬处境，及时采取行动，帮助别人化解尴尬。

事实上，尴尬绝非在大是大非的原则问题上才出现，也不是要深思熟虑才能帮别人化解尴尬。日常生活、工作中，随时随地都可能出现令人尴尬的难题、困境。你发现了，就要及时行动，帮助身边的人化解尴尬，呵护自己的缘分。只要用心，这并不难。

事例一

几十年前，北京饭店有个名叫朱殿华的老理发师，他曾为周恩来总理理发20多年，两人成了好朋友。

周恩来总理头发长了，就会在工作空闲时到饭店来请朱师傅理发。有一次，朱师傅在给周恩来刮脸时，周总理突然咳嗽了一声，朱师傅反应不及，剃刀把周总理的下巴割了一个小口子，流出了血。朱师傅见状，神情紧张，连忙向周总理道歉。周总理却和颜悦色地宽慰他说："这怎么能怪你呢！怪我咳嗽没有事先和你打招呼。还幸亏你刀子躲得快呢！"朱师傅听了很感动。

周总理赢得全世界人民的敬佩、爱戴，人格魅力非凡，其中及时给人一个台阶下的风范可见一斑。

事例二

一天，老刘请几个大学同学吃饭。因为客人多，上菜慢，几个人都快吃完了，粉蒸肉还没有上，老刘不高兴了，叫服务员过来，说那个菜不要了，取消。但是，刚说完，在转身要离开的时候，粉蒸肉上来了。尽管不高兴，还是让菜碟落在桌子上了。但是，几个人都吃不下了，老刘劝了几句，自己精心点的还是没人落筷。老刘只好叹了口气，准备埋单走人。

这时，老张开口了，“看来我今天的运气好，”笑眯眯的眼睛盯着粉蒸肉，“我老婆很喜欢吃粉蒸肉，但是不会做。既然你们都不吃，我就打包带回家去了，告诉老婆是专门为她点的，怎么样?”老刘和其他几个同学都笑了，“行呀，就是为她点的，打包带走吧。”就这样，几张脸上又恢复了笑容，气氛又回到了热烈的状态。

出门的时候，老刘拍拍老张，笑嘻嘻地说，“你这家伙!”

事例三

一家公司新招了一批员工，老板抽时间与新员工们见面。为了认识一下新员工，老板一个个点名。

“黄烨（hua）”老板喊道。

全场一片寂静，没有人应答。

“黄烨（hua）”老板又念了一遍。

一个新员工站起来，怯生生地说：“老板，我叫黄烨（ye），不叫黄烨（hua）。”

人群中发出一阵低低的笑声。

老板的脸色有些不自然，点点头。

“报告老板，名单是我打的，我把字打错了，对不起。”一个精干的小伙子站了起来，说道。

“太马虎了，下次注意。”老板挥了挥手，接着点名。

没过多久，这个声称自己打名单的小伙子被升职了，那个叫黄烨的新员工试用期都没过就被辞退了。

人人都有自尊心，遭遇尴尬局面时需要一个台阶下，体面地走下来。在人群里面生活，要有这份心，当身边有人遭遇尴尬困境的时候，主动行动，做好铺垫，给他们一个台阶，帮他们化解尴尬、跳出困境。做好了，你就会赢得他们的由衷感激，你们之间的关系会更和谐、更友好。

人间心语

呵护自己的缘分，需要细心关注别人的尊严和体面。当身边有人遭遇尴尬困境的时候，及时做好铺垫，给他们一个台阶，帮他们化解尴尬、跳出困境。

本章小语

要演绎自己的喜剧人生，离不开身边的人，需要他们的热情配合。但是，相爱容易相处难！有缘相聚相处，不一定就是开心的好事。要在相当长的一段时间里与身边朝夕相处的人保持和谐的关系，而不是面和心不合、皮笑肉不笑的虚情假意，那样更不容易。

要在人群里面好好生活，需要用心呵护自己的缘分。不要只是抱怨身边的人，不要以为他们生来就是故意给你添乱。记住，他们都是普通人，与你一样渴望天长地久的真情谊。

第七章　勇于表达内心的真诚

热情很奇妙，成本低、价值高、应用方便，激活了你就会被灿烂的笑脸包围。

人生就像是照镜子，你怎么对待别人，别人就怎么对待你，就如同从镜子里看到的自己一样。

这就是“镜子效应”，很直观，很形象，容易理解，用我们中国人熟悉的一句俗话来说，就是“种瓜得瓜，种豆得豆。”要想使自己的身边充满灿烂的笑脸，自己就要对身边的人展开热情的笑脸。

热情，一种强有力的情绪，心灵深处升起的太阳。一个人激活了自己的热情，才会精神焕发、活力昂扬，脸上才会有灿烂的笑容，才能充分地发挥出自己的潜能，创造出非凡的成就。

热情不仅灿烂，而且有很大的感染力。当一个人热情地面对身边的人时，会有力地感染身边的人，将他们心灵深处的“太阳”激活，引发一系列的热情的连锁反应。因为大家都是普通人，都有七情六欲，都渴望热情的笑脸，恐惧冷漠的面孔。而且，人心都是肉长的，人们会以笑脸回报笑脸，会在适当的时候给予其他的积极回报。就这样，你来我往的热情充满自己的人生舞台，身边的笑脸都很灿烂。

热情洋溢的人在哪里都倍受欢迎，在哪里都很开心。没有热情的人则没有生命的活力，就像一个病秧子，再聪明也活得不开心。要在人生舞台上演绎喜剧、开心潇洒地生活，需要热情洋溢地在人群中亮相。

不要说你做不到。因为，热情尽管价值非凡，却是每个人都拥有，不需要什么成本就可以使用，而且无穷无尽。你要做的只是把你内心已有的那份热情激活，通过你的表情、言辞、声调和动作表达出来，就够了。

第一时间行动，消除隔阂

一家电脑技术公司的一个项目维护小组有两个工程师——小周、小林。两个人的技术水平相差无几，小林还略胜一筹。但是，每次到客户那里做完服务后，小周的《服务工作信息记录表》上，客户的评价不是“很满意”就是“满意”，小林的《服务工作信息记录表》上，客户的评价则几乎没有“很满意”，只有少数的“满意”，大部分是“合格”。因为影响到奖金，小林很郁闷，上司也很奇怪。

原因并不复杂。小周每次上门服务时，一踏进客户的工作区域，就会主动向身边的人打招呼，笑嘻嘻地自我介绍，派发自己的名片。工作的时候身边来了陌生人，他也会主动打招呼，做个自我介绍，询问对方，“您是哪个部门的?”“有什么需要我做的?”因此，小周服务的客户企业的有关人员对他的第一印象都很好，一些人还很快与他熟悉起来，对他的服务很配合，对他没有做好的一些事也很宽容。在填写客户意见时，不是“很满意”就是“满意”。

小林则不同，踏进客户的工作区域后，只是规规矩矩地工作。设备旁边有人，他也很少主动打招呼，经常弄得别人莫名其妙，还有人向他提出“你是谁”、“你怎么打开我们的机柜”之类的质询。

工作过程中身边来人了，小林也只是看一眼，低头继续工作。除非对方主动问他、主动谈起什么事才会与他们沟通一下。因此，客户企业里面的人都觉得小林有点孤傲，或是冷淡，对他的印象不太好，态度自然就差了。小林的维护工作做好了，最多也只是在客户意见栏里填一个“满意”。工作中有点问题，或是有些拖延，就只有“合格”。

有没有给人留下良好的第一印象，就是这样不同。

前文提醒过，面对那些自己印象不太好的人，要留心观察，突破第一印象的误区，避免因为第一印象不佳而产生错觉和偏见。毕竟，第一印象是相见之初很短时间内留下的印象，容易出现偏差。因此，即使像孔夫子这样整天琢磨人、教导人的人，也会因为第一印象的错觉而看错了人，失去了一个好弟子。

看事物不能只从一个角度来看，换一个角度来看会有新的发现。既然第一印象会在对方心里留下深深的烙印，产生“第一印象效应”，对人际交往有很大的影响。那么，面对刚刚来到自己身边的人，只要你想与他们好好相处、需要与他们好好相处，就不能随随便便、懒懒散散了。要努力给他们留下深刻且美好的第一印象，80 分以上的第一印象使他们乐于跟你继续交往、愿意与你多交往，为后来的继续交往、增进交情奠定坚实的基础。否则，给人留下 60 分以下的第一印象，别人就懒得继续答理你，再想打动他们、赢得好感，将变得不容易，需要付出更大的努力，还要有恰当的机会。

为此，需要立即行动，热情地亮相，在第一时间好好表现，突破因为陌生而存在的隔阂，给别人留下美好的第一印象。

具体而言，需要把握好第一时间，来一番好表现。做到以下两点就够了。

把握好第一时间，就是在刚接触的短暂时间内行动，而不是拖延一段时间后再行动。

关于第一时间，有人专门研究后提出，陌生人第一次见面，开头 7 秒钟最为重要。因为，人们对眼前陌生人的感觉来自最直接的视觉、听觉，短短的 7 秒钟内就能对第一次来到自己身边的陌生人有基本的判断，这就是最原始的第一印象。如果第一次接触的不是在电梯里、过道上擦肩而过之类的偶然相遇，而是比较长时间的相处，那么，随后的半个小时左右的时间，依然很重要，人们会不自觉地对某个人的第一印象进行验证、修补、变更，形成更明确、更稳定的第一印象。

当然，开头 7 秒钟最重要的说法并非所有人一致认同。有些人研究后认为，原始第一印象产生的时间更短，是第一个 3 秒钟而不是 7 秒钟。也有些人研究后提出，这个时间没有那么短，第一个 30 秒钟都是最重要的。此外，还有 5 秒钟、10 秒钟之类的结论，还有人提出，不同的环境里面第一印象最重要的时间不同，精明的人和粗心的人需要的时间不同……林林总总的理论研究结论和说法像一棵枝叶茂盛的树上的叶子，很多，而且经常推陈出新。作为普通人，我们不需要去与心理学专家们那样关注这些数据，只需要记住，自己会在很短的时间内给身边的人留下第一印象，要在接触的短时间内采取行动，努力给他们留下 80 分以上的第一印象。不要拖延，不要懒散，以免在不知不觉中给别人留下 60 分以下的第一印象。

其实，在接触的短时间内采取行动，不仅应该，而且会很顺畅。想一想自己的经历就知道，在火车上、飞机上摆好自己的行李后，向身边的陌生人展开笑容、打声招呼，那是顺理成章的事，自己很自然，对方也很容易接受。反之，上车、上飞机后就坐下，沉默了几分钟再主动开口打招呼，自己都不自然，很尴尬，似乎带有某种企图。对方更是如此，可能产生联想："这家伙想干什么""是不是有什么阴谋"。因此，会小心地面对你，很难给他们留下美好的第一印象。

把握好第一时间，在刚接触的第一时间内行动，不要拖延一段时间后再行动。

行动，就要来一番好好表现，给人留下加分的好印象，而不是丢分的坏印象。

在短暂的几秒钟、几十秒钟，给别人一个好印象，当然是很简单的表情动作，一点都不难，谁都能做到。

表情上，来一个阳光灿烂的微笑，点点头，这是最基本、最重要的。不要紧闭双唇，目不斜视地与身边的人插肩而过，也不要笑得太假。

眼睛，跟着自己的笑脸，带着一份真诚，看着对方的脸部，不是随意漫游，也不能咄咄逼人的目光紧盯对方的眼睛。

开口说一两句话，很重要，最简单的莫过于"你好"。接下来就看具体的场合了，可以来一句"很高兴认识你"，也可以通过适当的自我介绍、提问题的方式来打招呼，“我可以坐在这里吗”“请问行政部经理的办公室在哪里”“请问在哪里打开水”，等等，都是适当的问题。

如果你喜欢幽默，有点幽默细胞，笑嘻嘻地来一两句有点幽默韵味的语句，“初次见面，请多关照!”效果也不错。

还可以拿出自己随身携带的东西，给身边的人分享。水果、点心、小小的纪念品、报纸杂志，都行。此时，身体的姿势和动作上应适当控制，不要太粗放，即使是自己的东西也要轻拿轻放，以免影响到别人。

如果面对的是几个陌生人，你的微笑就不能只传给一两个人，要像雷达一样转动，照顾到所有的人。同时，展开笑脸轻松自在地迎接每一个人的目光，不要回避。

不管是什么样的表情动作，第一时间热情地亮相，不要拖延，不要羞答答地犹抱琵琶半遮面。其实，大多数人都愿意与身边的人友好相处，渴望尽快突破陌生人之间的隔阂。但是，很多人会担心对方不愿意与自己接触，会冷冰冰地拒绝自己的笑脸，害怕自己的热情得到的只是冷漠的回答。因此，他们只是静静地呆着，等待别人主动打招呼。

不过，有一点需要提醒，如果没有大家都熟悉的人引荐、介绍，不要勉强与刚认识的人握手。尤其是面对长者、异性，不要轻易伸出手，以免让对方别扭、为难。

面对身边的陌生人，立即行动，热情地亮相。记住，只要经常见面，彼此之间就会一回生二回熟，从陌生走向熟悉。但是，别人对你是慢慢地了解还是很快地熟悉，熟悉了之后是冷漠相对还是真情牵挂，在你需要的时候是热情相助还是逃之夭夭，完全不同。要让身边更多的人更快地变成你的“路”，就要在与他们相识的第一时间立即行动，展现你的热情，突破彼此之间的隔阂。

人间心语

“第一印象”很重要，需要在第一时间好好表现，给人留下80分以上的第一印象，使他们乐于跟你继续交往、愿意与你多交往。

入乡随俗，融入圈子

前面介绍过，一个感动中国人的美国留学生丁大卫，尽心竭力地教育学生、帮助贫困地区开展教育。出于对丁大卫的感动和信任，全国各地很多人给他写信、寄钱，支持他的工作。并且因为他的这份认真和诚信，很多捐款人都是反复捐助。

丁大卫之所以能感动中国，赢得无数中国人的尊重、信任和爱戴，不仅因为他带着一颗真诚的心为中国的孩子们服务，还有他的入乡随俗。

丁大卫在中国做了五年老师后，中央电视台的《实话实说》栏目邀请他做嘉宾。在录制节目的过程中，主持人崔永元让丁大卫向大家展示一下他的全部家当，大卫的脸红了一下，打开了他的全部家当——一只很普通的帆布袋。里面有一顶大卫家乡足球队的队帽，一本有亲人、朋友、教过的学生的照片相册，一个用精致相框镶好的一家人温馨亲昵的合影，两套换洗的衣服，一双未洗的普通的运动鞋，几件以饭盒、口杯、牙刷、剃须刀为阵容的生活必需品，还有一面随身带着的鲜艳的五星红旗。

当美国青年丁大卫将中国国旗打开，向现场的观众展示时，偌大的演播厅里鸦雀无声，现场乐队深情地奏响了《我的祖国》的旋律。

崔永元问大卫："你怎么会时时将五星红旗带在身边?"

丁大卫回答说："我时时带着它，就是为了提醒自己，我现在是在中国，我要多说美丽的中文。有人到我房间里来，看到墙上挂着的五星红旗，也会缩小我们之间的差距。再说，看到这面国旗，我就会告诫自己：你现在是一名中国教师，你要多为中国教书育人。"

入乡随俗的丁大卫，就这样感动了几亿中国人。

不仅是经常提醒自己，丁大卫的入乡随俗还有很多具体的表现。

在工资待遇、生活条件上，他入乡随俗。每到一个学校当教师，丁大卫在工资待遇上总是向本地的教师看齐，拒绝高出本地老师工资水平的待遇，居住等生活条件上也是如此。例如，1995 年，丁大卫作为外籍教师应聘到西北民院，学校给他开出的工资是每月 1200 元。他打听了一圈后，知道这个工资比一般教师要高，于是主动找到学校，要求把工资降到 900 元。学校不同意，坚持要付 1000 元，丁大卫觉得“四位数”还是太高，几番争执，最后定在了 950 元。而且，在西北民院工作时，丁大卫不肯住外籍专家楼，而是在学生宿舍楼里找了间小屋住。

在心态上，他入乡随俗。2002 年中旬，丁大卫辞去西北民院外教的工作，专门到国家扶贫重点县、全国成人文盲率最高的甘肃省东乡族自治县，全心全意地帮教助教。多年来不仅免费做很多困难的事、麻烦的事、杂七杂八的事，而且学了一口本地话。在那里工作一段时间后，与本地人在一起时，口头禅就是“我们东乡”一口的东乡方言，不说普通话，更不说英语。他还对县城里的建筑的历史一清二楚，与小饭店小卖部的老板、伙计熟悉得像亲兄弟，吃的用的与当地单身汉完全一样……

因为入乡随俗，不把自己当外人，丁大卫很快融入了自己生活工作的环境，赢得了身边人的信任和热情，赢得了几亿中国人的掌声。以至在中国工作生活，没有什么障碍。

入乡随俗，似乎有点俗。但是，却很重要，就像饭菜到了嘴边要张开口、音乐响起时要竖起耳朵一样，在人群里生活，不能没有这样的俗。因为，我们每个人的世界其实就是自己身边的一群群人。套用这句俗语来看，世界就是我们踏进的一个个“乡”，每个“乡”里面都有自己的“俗”。入乡随俗了，不把自己当成外人，别人才能把你当成自己人，当成自己这个圈子里的人，你才可能得到他们的笑脸和善举，才有机会走近他们、融入他们的圈子。反之，总是游离在外，“乡”里的人即使不把你驱逐出去，也只是冷脸相待，不会给你好脸色。

看看我们身边。如果一个人在一家五星级酒店的大堂里随地吐痰、乱扔垃圾，把身上的衣服脱下来随便扔在地上，身边那些西装革履的人愿意接近他吗？会把他当成自己的伙伴吗？有去高档环境聚会的机会时，会邀请他一起去吗？

反之，如果一个人来到农村，每天还是西装革履的，说话细声细气、文绉绉的，不像老乡们那样大大咧咧，吃饭的时候细嚼慢咽，不像老乡们那样大口大口地吃，也不像老乡们那样用手捧起井水就喝，村子里的老乡们会把他当成自己人吗？要上山打猎、采野果子的时候，会招呼他一起去吗？

还有，酒桌上一帮子人，大部分人在豪饮，互相敬酒，大声说笑。有一个人却独自默默地喝茶、吃菜，不向身边的人敬酒，对别人的敬酒只是舔一舔，不与他们来一个“感情深一口闷”。这些豪爽的家伙会把他当成朋友吗？有人再约请聚餐时，会想到要拉上他一起去喝酒吗？

很显然，没有入乡随俗，别人不会把你当成自己圈子里的人，不会给你铺好一条条的“路”，说不定什么时候还会给你竖起一堵堵的“墙”。因此，要让身边的人接纳自己，就要入乡随俗，尽快融进自己踏入的圈子，不要总是当局外人。

如果你觉得自己比某些人更有文化、更高明、更酷，请放下你那孤傲的心，热情友善地与他们交往，不要瞧不起他们，不要懒得答理他们。否则，身边没有“路”，还会不断冒出“墙”，才华横溢的你很难得到施展才华的舞台，只能孤芳自赏。

如果你觉得自己某些方面不如身边那些人，请你挺起自己的胸膛，热情友善地与他们交往，不要敬而远之、逃之夭夭，不要对他们心怀恐惧。否则，那些有心帮助你的人也无法靠近你，生存艰难的你很难得到有力的帮助，你只能孤独流泪。

如果你觉得身边那些人太俗了，自己的个性很鲜明，不喜欢那些俗人。请你记住，个性的成功在于能吸引，使自己的生活空间更和谐；而不是被排斥，不是使自己被身边的人厌烦、拒绝。只要他们不是要你去做一些害人害己的恶俗之事，就不要刻意保持距离，应当尽量靠近，融进去。

否则，一个人就会飘在群体之外，经常遭遇排斥。

入乡随俗，确实会有丰厚的收获。这样的事例随处可见。丁大卫因为入乡随俗赢得了身边人的信任和热情，赢得了几亿中国人的掌声，在中国自在、充实地工作生活了很多年，就是一个实际的见证。此外，还有两个人的事例，值得借鉴。

事例一

被誉为台湾饭店业教父的严长寿是一个很成功的企业家，曾任世界杰出旅馆系统亚洲主席、青年总裁协会世界大会主席。

20世纪60年代中旬，严长寿高中毕业后没考上大学，由于家境不是很好，就直接去当兵。在军营里，作为一个普通新兵，他与一群老兵睡在同一个大通铺上，和他们只隔着一层蚊帐。因为那些老兵很多是从大陆到台湾去的老兵油子，文化水平很低，不讲卫生，经常邋邋遢遢，不怎么洗澡，喜欢在一起喝酒胡闹，经常满嘴酒气，在一起谈论的都是赌博、喝酒、找女人。当时的严长寿还是一个刚离开校园的年轻人，并且酷爱音乐，有一种文化人的讲究和清高。突然来到这样的环境，自然很别扭，不愿意与那些老兵为伍。因此，除了出操、当班时规规矩矩外，自由支配的时间几乎不和老兵们在一起，总是独自一人到附近的海滩上听音乐。

这样的举动，让那些老兵觉得他高傲、孤僻、不合群，对他的印象很不好。因此，有事也不会想着帮他一下。有一次，部队紧急集合，严长寿在离营房不过两三百米的海滩上听音乐，虽然那些老兵都知道，却没有一个人来叫他。于是，严长寿被罚关禁闭，感觉很难受。

通过这次教训，严长寿清醒了，开始用心去面对自己看不惯的老兵们。通过与那些老兵聊天、帮他们写信、跟他们学家乡话、一起分享家乡小吃等，老兵们对他不再有任何敌意，反而从心底里把他看成很重要的知心朋友、可以畅谈的一个伙伴。

直至后来，严长寿在军中看到许多文化低、为了混日子的新兵，他没有瞧不起他们、远离他们，而是慢慢去了解他们，引导他们欣赏经典音乐，并渐渐得到了一群知音，不少新兵还把他当成生活上的老师。就这样，他成了老兵新兵们的好朋友，成了这支部队里面老兵与新兵之间的沟通桥梁。当他退伍的时候，部队里的五十多个人一起请他吃饭，大家都说："阿兵哥退伍，能让五十几个老家伙合起来请客的人，你严老大是第一个！"

离开军营以后，严长寿的第一份工作是到美国运通公司做送货员。此时的严长寿在学历上、岗位上与身边的同龄人相比，均处于下风。但是，他没有因此离群索居，而是热情面对身边那些胜过自己的人，同时还积极努力地补习文化知识。很快，他融入了同事们的圈子，赢得了上级的关注和器重，年仅28岁就当上了美国运通台湾公司的总经理。此后，他的事业如日中天，成为台湾几代人的楷模。

事例二

2010年6月23日，华中科技大学光谷体育馆，7700多名华中科技大学2010届本科毕业生的毕业典礼上，校长李培根院士一篇名为《记忆》的毕业致辞赢得了30多次热烈的掌声，不少学子泪雨纷飞。当校长致辞结束时，全场学子自发起立，"根叔、根叔"的呼喊声和掌声久久响起。

数千名学生齐声高喊"根叔、根叔"的盛况，在那里已经不是第一次了。就在两天前（21日晚）华中科大举行了"同歌同行"毕业晚会，走上舞台的李培根校长就赢得了毕业生们响亮的呐喊——"根叔、根叔！"而计算机学院学子们的口号更是："爱根叔，爱华科！"

自此，华中科技大学校长李培根院士成为备受关注的名人，很多人称赞他是中国最受学生爱戴的大学校长。

一个大学校长、院士，是怎么赢得这么多20岁出头的年轻人的心？为什么学生们亲切地叫他"根叔"？

因为他入乡随俗，在学生们面前不是一副高高在上的领导模样，而是与学生们打成一片，赢得了学生们的真心爱戴。

平时，他会抽空登录该校的网上论坛"白云黄鹤"BBS，在网上看学生们的心声，与学生们交流。而且，经常去学生食堂和同学们围桌而坐、一起吃饭聊天；会去篮球场上与学生们一起打球；会约见一些出色的学生，会与迷失在网络游戏里面的学生们一起座谈；在毕业典礼上会和毕业生们热情拥抱。对于每年收到的几百封学生来信，他会亲笔回复……渐渐地，学生们觉得这个校长很朴实，平易近人，亲切可爱，宛如邻家大叔。因此，不知从何时开始，有人在网上亲切地称呼他“根叔”，继而传遍全校，又从网上落地，学生们见到他都喜欢叫他“根叔”，而不是“校长”。

他在毕业典礼上的演讲，让毕业生们非常感动、非常激动，是因为他带着真诚的心入乡随俗——演讲中多次引用该校白云黄鹤BBS中讨论的热点问题。

“我知道，你们还有一些特别的记忆。你们一定记住了‘俯卧撑’、‘躲猫猫’、‘喝开水’，从热闹和愚蠢中，你们记忆了正义；你们记住了‘打酱油’和‘妈妈喊你回家吃饭’，从麻木和好笑中，你们记忆了责任和良知；你们一定记住了‘姐的狂放’，‘哥的犀利’。未来有一天，或许当年的记忆会让你们问自己，曾经是‘姐的娱乐’，还是‘哥的寂寞’？”

“也许你会选择‘胶囊公寓’，或者不得不‘蜗居’，成为‘蚁族’之一员。”

“我知道你们不喜欢‘被就业’、‘被坚强’，那就挺直你们的脊梁，挺起你们的胸膛，自己去就业，坚强而勇敢地到社会中去闯荡。”

“亲爱的同学们，也许你们难以有那么多的记忆，也许你们很快就会忘记根叔的唠叨与琐细。“尽管你们不喜欢‘被’，根叔还是想强加给你们一个‘被’：你们的未来‘被’华中科大记忆！”

……

校长李培根的这一席演讲，不仅充满激情，更是深入学生的心灵，因此，引起近万名毕业生的热烈共鸣。“根叔！根叔！根叔！”体育馆里掌声不断、呐喊声不止，“根叔”的讲话数次被打断。“‘根叔’真是‘潮男’，从‘85后’到‘90后’，我们的世界，他都懂。”学生们激动地说。

入乡随俗，融进身边的圈子，让身边的人由衷地接纳你、信任你、喜欢你，就是这么奇妙。毕竟，天时不如地利，地利不如人和。无论什么时代，无论身处何方，人与人之间那种视为同类、惜惜相亲、真诚相助的和谐氛围，最重要。

要在人群里面潇洒自在地生活，就要热情地亮相，尽快地入乡随俗，融进身边伙伴们的圈子。不要孤芳自赏，不要自卑自弃，不要守着孤僻的个性独往独来、被身边的人们视为陌路人。否则，你很难成为圈子中的一员，没有人愿做你人生舞台的配角，你会活得很孤单、很累、很苦。

人间心语

无论什么时代、身处何方，人与人之间那种视为同类、惜惜相亲、真诚相助的和谐氛围，最重要。要尽快地入乡随俗，让身边的人由衷地接纳你、信任你、喜欢你。

经常传递牵挂，给情谊保温

希望所认识的人能够真心实意地善待自己，希望有更多的朋友，需要热情洋溢地亮相。在平平常常的日子里，面对或远或近的亲朋好友，自己的热情怎样体现呢？怎样让远远近近的那些人把自己当成真心朋友呢？

不难，无事多登三宝殿！经常与他们联系一下，向他们传递自己的一份牵挂，让他们经常感受到你在他们身边、感受到你在牵挂他们。不要“无事不登三宝殿”，久久不露面，消失在他们的视线之外。

这很重要。因为，他们和你一样，渴望得到别人的重视，渴望别人的心里有自己。你经常与他们联系，传递一份牵挂，他们就会感受到你在自己身边，在关注自己，对自己很在意。自然而然，他们的心里会有你的位置，会把你当成值得重视的人，在你需要的时候会给你一份情缘、一份力量。反之，“无事不登三宝殿”，多年来杳无音信，即使原来有良好的关系基础，是老同学、老战友、有血缘关系的亲戚，关系也会渐渐地冷淡，别人不会在意你、重视你。“远亲不如近邻”，说的就是这个道理。

交情需要交往，感情需要感动！不保暖、不加温，情谊就会降温。接触少了，感情自然浅了。几个大学同学的情感变化事例，就是一个见证。

小刘、小赵、小魏是上海一所大学的同班同学，毕业后都在上海工作。

十年后，小刘因为一直很稳定，事业状态不错，是一家大公司的技术骨干，部门经理。小赵、小魏因为总是跳槽，依然在不同的小公司做基层技术工作，收入低、不稳定。得知小刘升职了、有权了，两个人都与他联系，请他帮忙给自己安排一份工作。恰好，小刘的部门需要招聘一个人，小刘就与公司人力资源部沟通了一下，把这个机会给了小赵，没有给小魏。

不久后的一次聚会，一个同学悄悄地问小刘：“小魏跟你住一个宿舍，还是你的老乡，你怎么不把机会给小魏呢?”

小刘说：“我也不是偏心。小魏虽然跟我一个宿舍，还是老乡，可是，毕业后这些年，他很少与我联系，就是我们同学聚会也很少参加，关系当然疏远了。小赵就不同，同学聚会很热心，逢年过节的时候都会发个短信、打个电话，每年都会见几次。所以，我这边有机会就先想到小赵，不是小魏。”

同学点点头，“理解，感情需要走动。换了我也是这样。”

在家靠父母，出门靠朋友。人际关系的价值在普普通通的草根一族身上最为重要。因为他们没有权贵富豪家族的背景，没有什么机会结识达官贵人。要想多几条“路”，就要“无事多登三宝殿”，经常与身边的人联系，熟悉的老朋友，不熟悉的新朋友，刚认识的人，未曾谋面的亲戚，都应该保持联系。这样就能够传递牵挂之情，巩固自己的人脉，让大家感受到你的存在，感受到你对他们的那份情谊，在他们的心里留下深刻的好印象。否则，“远亲不如近邻”的魔咒会在自己身上体现，在你需要的时候难以得到别人的帮助，难以找到一条平坦的“路”。

其实，在今天这样的信息时代，“无事多登三宝殿”一点都不难。因为，人际交往不一定需要真人面对面地交流，只要经常直接沟通就行。尤其是在今天，通讯高度发达，与地球上任何一个角落的亲朋好友联系都像以前在小镇子里走街串巷一样方便，不需要费很多时间，只要有心就能做好。

首先，努力与自己的亲朋好友保持联系，让他们知道你的存在，知道你一直在他们身边。尤其是漂一族，经常变换地方、变换工作，一些人的手机号也经常变。此时，要及时向亲朋好友们通报自己的新信息，不要莫名其妙地消失在他们的视线之外。

逢年过节的时候问候一声、祝福几句，很简单。可以打电话，可以通过手机短信、电子邮件，可以通过 QQ、MSN 等聊天工具。这是最基本的，也是最容易做到的。

努力记住亲朋好友的生日，经常给他们来一个“祝你生日快乐”，对方会感到很温暖，会很开心，会记住你。

天气剧烈变化时，事先提醒一下“注意啦”，尽管有天气预报。事后问候一句“还好吗”，提醒一句“多保重”，对方会感动，对你的印象会更深、更好。

听到某种不太好的信息，尽快联系一下，关心地问一句“情况如何”，问一问“我能帮你做点什么”。即使你什么都没做，也会给对方留下好印象。

记住他们的兴趣爱好，发现与之有关的信息时，及时联系一下，传递自己知道的信息。即使这个信息对他们没有什么价值，也会让他们感到温馨，会记住你的关心。

如果对方在某些方面有麻烦和困难，例如，他们自己或亲人有某种疾病，或是遭遇不测，登门看望一下，帮点小忙。即使你帮不上什么，也应该专门询问一下、问候一下。这样，他们也会感到很温馨，你会在他们心中留下深刻的好印象。

当然，不能局限在现代通讯工具上的交流沟通，适当的拜访、聚会不可少。尤其是关系亲密的亲戚、朋友、同学、老乡、战友，即使没有什么事，节假日也应该见见面、聚聚餐。这样才能给缘分保暖、加温，亲情、友情才不会降温。

如果自己有什么好事，不要独享，以适当的方式让自己的亲朋好友分享一下。至少，邀请亲朋好友聚聚，请大家吃一顿。

事实上，只要稍加用心，费一点时间，就能与亲朋好友们经常联系，传递你的一份牵挂。你需要的只是经常提醒自己，无事多登三宝殿！毕竟人心都是肉长的，感情是需要交往的。你的亲朋好友需要你的关怀，希望你的心里有他。同时，经常感受到你的牵挂，他们的心里就会有你，会热情地回报你，给你带来很多快乐和成功的资源，使你的人生舞台更加开阔、人生历程更加精彩。

请记住，人生最大的厄运是缺乏关怀！平平淡淡的日子里，也要热情洋溢地亮相。经常与亲朋好友们联系一下，传递你的牵挂，给情谊保暖、加温。

人间心语

人生最大的厄运是缺乏关怀！

人心都是肉长的，感情是需要交往的。你的亲朋好友需要你的关怀，希望你的心里有他。

体恤困难，及时伸手相助

“赠人玫瑰，手有余香。”很优雅的时尚语句。

“爱出者爱返，福往者福来。”很悠扬的佛音。

“助人为乐！”很经典的精神文明口号。

这几句不同风格的名言警句，说的却是相同的道理：帮助别人是一件好事，是双赢。不仅能够给别人带来快乐，也会使自己得到快乐。

为此，需要热情地关注自己身边的人。当他们遇到困难的时候，体恤为怀，及时伸出自己的双手。做好了，他们会很感激你，会给你灿烂的笑容，让你得到花多少钱也买不到的快乐，发自内心的快乐。而且，因为感激，当你需要帮忙的时候，他们也会伸手相助，帮你排忧解难。

一个美国农民的故事更容易让人理解帮助身边的人有什么好处。

一个美国农民种玉米很出名，他很注重培育良种，经常在州里的博览会上参展、得奖。他还有一个习惯，经常把自己培育好的玉米种子送给邻居，几个邻居经常靠他送的种子种出好玉米，有些邻居还和他一样，在博览会上参展，与他竞争。

朋友知道这个现象后，觉得不解，问他：“你为什么要把好种子送给邻居，那样不是给你自己增加竞争对手吗?”

这个农民回答说：“玉米长到一定程度后，花粉会被风吹得到处乱窜，最后的玉米不仅与播下的种子有关，而且与吹到身上的花粉有关，实际上是杂交出来的。因此，如果邻居的玉米种子不好，自己的玉米就很难结出好的果实。所以，要想收获好的果实，就要给邻居好的种子，不能把自己和邻居孤立起来看。”

朋友明白了，对他竖起了大拇指，夸道：“你太棒了！”

而发生在北京一套出租屋里的一件事，也印证了同样的道理。

老王通过中介租了一套三居室房子的一个大间，带阳台。入住后不久的一个休息日，他看到邻居小伙子小赵洗了很多衣服，还有被套、床单之类都晾晒在客厅外面的公共阳台上。因为公共阳台上摆放了不少杂物，加上另一间屋子里住的小两口的衣服还没有干，一大堆衣物堆在一起，小赵的被套、床单无法展开来晾晒，而是皱皱巴巴地堆在衣架上。

看到这样的情景，老王就对小赵说，“你把床单被套拿到我的阳台上晒吧，那里空着。”

“那太谢谢了！”小赵很开心。

“客气什么，同在一个屋檐下。”老王笑嘻嘻地说，接着，还对几个邻居说了一句，“以后如果外面的阳台上不好晒，就跟我说一声，拿到我这里来晒。千万别客气，我又不会损失什么。”

小赵和另外两个邻居都笑了。

此后，另两间房子里的邻居确实经常拿衣物到老王的阳台上晒。而且，因为这件事几个邻居对老王好多了，不再有以前那样很陌生的感觉。老王清理卫生时，遇到了就会帮一下；小两口做点什么好吃的，会邀请老王一起来分享……因为彼此之间经常互相帮助，几个人在合租房里相处得很和谐，争吵很少。

再想一想自己的亲身经历，看一看身边的点点滴滴就会发现，人间就是这样互相关联、互相影响，循环往复，不仅是“赠人玫瑰，手有余香”，而且，送出去的“礼物”，别人也会通过某种方式返还，甚至比你送出去的更多，确实是“爱出者爱返，福往者福来。”

曾有专门研究人际关系心理的专家学者说过，一个不关心别人、对别人不感兴趣的人、不愿意帮助别人的人，他的生活也会经常遭受阻碍和磨难，事业很难成功，生活很难快乐。因为，他不会赢得别人的好感，不会拥有热情的回报。

因此，“助人为乐”不仅是高尚的品德，更是高明的行动。

助人为乐，助人真乐！可以肯定，只要你有过帮助别人的经历，你就享受过这么一种特别的快乐。这是发自内心的快乐，与金钱无关，也是别人无法赠送、无法转让的，纯属人性使然。

为了这么一种奇妙的快乐，还有别人赠还给自己的“礼物”，热情地关注一下你身边的人。当他们有困难的时候，热情地帮一把。当他们开口求助的时候要努力去帮，当他们没有开口求助但是需要你出手相助的时候，也要主动地去伸出你的援助之手。

需要提醒一下，体恤别人的困难，及时伸手相助，还要突破“芝麻西瓜效应”。

前面提醒过，人性的一个致命缺陷导致了一个“芝麻西瓜效应”。对自己的伤痛、困难、需求，或是功绩、价值等很敏感，会放大许多倍，把自己的“芝麻”当成“西瓜”。同时，对他人的伤痛、困难、需求、功绩、价值等却很麻木，会缩小许多，将别人的“西瓜”看成了“芝麻”。

这个“芝麻西瓜效应”很普遍，很明显，很糟糕。因此，人们渴望得到别人的理解，却很难理解别人。不仅如此，因为这个“芝麻西瓜效应”，人们对别人的困难、痛苦、需求很麻木，感觉很迟钝，经常忽视了别人需要自己的帮助。即使感觉别人需要帮助，也很难体会到别人的紧迫性、严重性，不会及时伸出手去帮助他们。

这是人性的缺陷，作为普通人，我们难以改变与生俱来的本性。但是，在人群里面生活，要记住“助人为乐”的价值，要不断提醒自己去“助人为乐”，多注意一下身边的亲朋好友、邻居同事，看看他们是不是遇到什么困难、有什么需要自己出手相助。该出手时就出手，不要麻木，不要迟钝，不要把他们的“西瓜”当成“芝麻”，更不要以“事不关己、高高挂起”的冷漠态度来对待身边的人。

人间心语

记住“助人为乐”的价值，突破“芝麻西瓜效应”的迷雾，注意身边的人的需求，该出手时就出手。不要麻木，不要迟钝，不要把他们的“西瓜”当成“芝麻”，更不要以“事不关己、高高挂起”的冷漠态度来对待身边的人。

关注亮点，及时鼓掌喝彩

当身边的人有困难的时候，应当及时伸手相助。当身边的人身上闪现出亮点、发出灿烂光芒之时，也不要沉默，应当及时用真诚的赞美为他们鼓掌、喝彩。

真诚的赞美很重要，它不亚于出手相助。在人群里生活，不要忘了给别人鼓掌，不要懒于为别人喝彩。

请看一个经典的小故事。

据气象台的天气预报报道，最近将有强台风来袭。海滨小城里的居民们听到这个消息，都很惊慌，赶紧行动、准备预防或是撤离。

一位母亲在忙着收拾东西，为撤离到安全的地方做准备，旁边站着她的小女儿。

“这该死的台风！”母亲一边收拾东西，一边诅咒。可是，旁边的小女孩却不同意母亲的说法，她告诉母亲：“我喜欢台风。”

母亲很诧异，因为台风破坏力极强，毁坏庄稼、吹倒房屋、阻塞交通，给这座小城的人们造成过很大的损失、带来过很多的麻烦，而且，小女孩也经历过。可是，这个小不点儿居然说喜欢台风，这是为什么呢？

“孩子，告诉妈妈，你为什么喜欢台风？”母亲小心翼翼地问。

“上次台风来了，就停了电。”小女孩不假思索地回答。

“停了电又怎么样，好吗？”母亲问。

“晚上就会点蜡烛呀。”小女孩回答，一脸的向往。

“你喜欢点蜡烛吗？”母亲很奇怪。

“是的，那天晚上，我拿着蜡烛走来走去，你说我像小天使。”小女孩笑嘻嘻地说。

母亲明白了，放下手中的衣物，抱起小女孩，亲吻着她的小脸蛋，凑近她的小耳朵，轻轻地说："孩子，你永远是天使！"小女孩听到母亲的赞美，开心地笑了，小脸就像一朵盛开的鲜花。

这是一个广为流传的西方小故事，名为"赞美是暗室中的一支蜡烛"，感动了无数人，也使大家认识了赞美的价值。

其实，不仅是年幼的孩子渴望得到亲人的赞美，我们每个人都渴望身边的人看到自己的光芒、赞美自己的表现，为自己鼓掌喝彩。毫不夸张，真诚又热情的赞美像穿过乌云的太阳，能照亮人的心灵；又像荡漾的春风，让人的内心翻动温柔的涟漪。因此，人们说"掌声是唯一令人欣赏的干扰"，"赞美是人间最动听的声音"。

而且，为别人鼓掌喝彩，不仅会让对方开心，自己也会得到开心，可谓其乐融融。因为，人生是回音壁、是镜子，别人会以灿烂的笑脸来回报你。也许他们不会立刻给你什么具体的回报，但是，人与人之间痛痒相关，微笑总会迎来善意，总会给人留下好印象，他们会在你需要的时候得到宽容、鼓励、赞美、支持、帮助，等等。这样，令人厌恶和恐惧的孤独、空虚、无力、悲哀、失败就不容易接近你。自然，你的人生大戏会增加喜剧色彩、减少悲剧色彩，你会更开心。

人人都渴望掌声与喝彩，一个来自东方的经典故事从另一个侧面给人以启示。

京城里的一个王爷，他的宅院里有一个厨艺高强的厨师，这个厨师的拿手好菜是烤鸭，深受王府里的人喜爱，尤其是王爷，更是倍加赏识。为此，专门在宅院里养了一些良种鸭子，每次宴请重要宾客都要上这道菜。不过，这个王爷从来没有给予过厨师任何鼓励，厨师因此而闷闷不乐。

有一天，王爷有客从远方来，在家设宴招待贵宾，点了数道菜，其中一道就是烤鸭。厨师奉命行事，做好了几道精美的菜肴。然而，当王爷夹了一条鸭腿给客人后，却找不到另一条鸭腿。他差人叫来厨师，问他："鸭子的另一条腿到哪里去了？"

厨师说："禀王爷，我们府里养的鸭子都只有一条腿！"王爷感到诧异，但是，碍于客人在场，不便问个究竟。

送走客人之后，王爷觉得不对劲，要厨师带自己去鸭窝看个究竟。时值夜晚，鸭子正在睡觉，每只鸭子都只露出一条腿。

厨师指着鸭子说："王爷您看，我们府里的鸭子不全都是只有一条腿吗?"

王爷听后，用力地拍了几下巴掌。鸭子们被响亮的掌声惊醒了，都站了起来。

王爷气呼呼地问道："你看，这些鸭子不全是两条腿吗?"

厨师说："王爷说的对，鸭子是有两条腿。不过，只有听到您拍手鼓掌，才会伸出两条腿呀！"

王爷听了厨师的回答，愣了一下，明白了。点点头，转身走了。第二天，他给了厨师一份赏钱。以后吃到可口的美味佳肴时，也时不时会把厨师叫出来当众夸奖两句。厨师很开心，菜肴做得自然更好了。

行动吧，及时给身边的人几句真诚的赞美很简单：一个表示自己注意到了并且很赞赏的眼神；一个表示鼓励、赞赏的动作，竖起大拇指，打一个V手势；一两句"真棒"、"好厉害"、"很漂亮"、"比我强多了"之类赞美之言，都行。

当你发现身边某个人的身上有些更好的变化时，赞美一句，表达一下自己的欣赏、惊喜。"你的新发型真漂亮"、"这件衣服穿在你身上真好看"、"你今天很精神呀"，等等。

当你发现身边某个人有出色的表现、值得赞美和鼓励时，竖起你的大拇指，给一句喝彩。"你这件事做得太棒了"、"你做得很好"、"以后要向你学习"、"这句话说得真棒"，等等。

身边有人喜气洋洋地说出自己的开心事的时候，凑个热闹，问一问，看一看，说几句给力的话。"恭喜你呀"、"很羡慕你"、"照得真好"、"你真有眼光"，等等。

总之，不要冷漠，不要对别人的光芒视而不见。发现了别人身上有值得赞美之处时，热情地展现出你的笑脸，向他们竖起大拇指，大声地向他们表示你的赞美。

赞美时有几点需要提醒。

首先，要细心，不要粗心大意，否则，看不到别人身上的亮点。事实上，身边的人几乎都有值得赞美喝彩的地方。不论是同学、老师、父母、孩子还是伴侣，不论在学校、家里、工作机构，还是大街小巷。

自己的亲人做的菜口味不错，值得你赞美一声，不要因为习惯了就一声不吭；或者买的一件东西物美价廉，值得你来一句喝彩，不要因为是很平常的家务事就懒得开口。

身边的同事把一件小事处理好了，值得向他竖起大拇指，不要因为这是他分内之事就不在意。

为自己服务的人工作很细心、服务很周到，值得你面带微笑夸一句，不要因为自己出钱了就只是挑剔没有赞美。

不夸张地说，稍加细心一点就会发现，每个人身上都有值得赞美的地方，日常生活中有许多赞美别人的机会。

有一天，台湾作家林清玄去一家羊肉馆用餐。老板见到他并证实他的身份后，对他超乎寻常的热情，还要免掉他的餐费。林清玄很奇怪，对老板说，“你我非亲非故，素不相识，为什么对我这么好?”

老板问作家：“您还记得我吗?”

林清玄想不起来，回答说：“实在抱歉，没有印象。”

老板拿来一张20年前的旧报纸，那里有林清玄的一篇文章，那时他在一家报社当记者。这是一篇关于小偷的报道，小偷手法高超，作案上千次，次次得手，最后栽在一个反扒高手的手上。林清玄在文章里感叹道：“像心思如此细密，手法如此灵巧的小偷，做任何一件事情都会有成就的吧!”

老板告诉他：“我就是那个小偷，是你的这段话引导我走上了正路。”

连一个作案上千次的小偷身上也有值得赞赏的地方，还有什么人身上没有亮点呢?

鼓掌与喝彩的机会随时随地都可以出现，只要细心就行。

给身边的人热烈鼓掌、大声喝彩，细心发现别人的光芒之后，需要真诚地表达。这份真诚不仅是发自内心，而且要让对方感觉到你的赞美不是逢迎的献媚，不是虚情假意的恭维，不是溜须拍马的讨好，也不是别有用心。这样的赞美才能让对方真正地开心，并记住你的这份真情。

鼓掌与喝彩还需要真诚基础上的坦坦荡荡，不要羞怯，展现出自己的真心，不要犹抱琵琶半遮面。在这方面，世界着名指挥家小泽征尔为我们做出了表率。

据报道，1978 年世界著名指挥家小泽征尔来我国与我国的艺术家们交流、合作。在一次活动中，他第一次听到了二胡独奏《二泉映月》。这首难以用言辞表达的经典音乐深深地震撼了小泽征尔这颗饱览世界名曲的心灵，让他感动得掩面而泣，他虔诚地说："这是真正的天籁之音，这种音乐应当跪下去听。"说着，他真的从坐着的椅子上顺势跪了下去，跪着听完了这首经典的天籁之音。

看到这样一幕，身边的两国人大为震撼，大为感动，对小泽征尔也更加钦佩。

记住小泽征尔的虔诚一跪。当你感动时，就像小泽征尔这样坦坦荡荡地表达自己的情感，不要犹抱琵琶半遮面，不要有什么忌讳，不要欲言又止。

其实，一句赞美、一句喝彩就是在给别人和自己制造一份快乐，经常能带来意想不到的效果。尤其在今天，我们生活在一个变化快、压力大的社会环境里，很多人经常处于紧张而繁忙的状态，情绪紧张、焦虑，更渴望得到一份灿烂的微笑，一句真诚的赞美，一个让自己开心的大拇指。

可惜，很多人没有赞美别人的习惯，经常漠视身边人的光芒和奉献，或是看到了也没有反应。以至身边的人很伤心，自己也失去赢得他人好感和帮助的机会。下面这个小故事，道出了很多人的心酸。

一个农家女子在一个农场里当厨娘，每天为一群男工做饭烧菜。为了让每天辛苦劳作的男工们吃得可口一点，在简陋的厨房里、在抠门的农场主的监督下，她费心费力，不断变换花样，希望大家能够吃饱吃好。当然，也希望大家能够注意到自己的辛苦努力，来吃饭的时候说几句好听的话。

可是，二十多年了，那些男工们每顿饭都是来了就坐下，大碗大碗地吃，吃完就扔下碗筷走人，从来没有人对这位厨娘说一句赞美的话，没有谁夸她做的饭很香、炒的菜很好吃，没有谁夸她费心变换花样……为此，厨娘很伤心、很郁闷。

一天晚上吃饭时间，几个劳累了一天的男工像往常一样来到餐桌边坐下，准备吃饭。可是，餐桌上空空荡荡，不像以前那样摆好了饭菜。于是，他们大声招呼厨娘："我们来了，把饭菜端出来。"

很快，厨娘阴沉着脸从厨房里面出来了，手上没有饭菜，而是抱来一堆草，往餐桌上一放，转身就走。

男工们很惊奇，大声叫住她，问道："你是不是疯了？让我们吃草？"

厨娘转过身，盯着几个男工，回答说："哦！我怎么会知道，你们还会注意到这些？我替你们做饭，已经做了二十多年，这么长的时间，我从没有听到一句话，让我知道你们吃的不是草。"

几个男工面红耳赤，支支吾吾，说不出话来。

毫不夸张，你身边的很多人可能像这个厨娘一样，自己的辛苦付出、自己的灿烂光芒没有得到一句赞美、一点掌声，他们很心酸、很郁闷。尽管大多数人不会像这个厨娘那样表达自己的不满，但是，你不能像那些男工那样麻木，要经常提醒自己，向小泽征尔学习，细心品读身边人的灿烂光芒，热情坦荡地赞美和鼓掌。

在人群里面生活，要热情地为身边的人鼓掌喝彩。不要漠视他们的辛劳和光芒，不要羞于表达，不要让你拥有的宝贵资源静悄悄地流失，不要让身边的人经常郁闷和心酸。

何况，生活就像是鸡蛋汤，放了调料的就有滋有味，没放调料的平淡无味。热情地为身边的人鼓掌喝彩，就是为自己的生活加一些调料。

人间心语

细心品读别人的灿烂光芒，热情坦荡地赞美和鼓掌。不要漠视他们的辛劳和光芒，不要犹抱琵琶半遮面，不要让身边的人经常郁闷和心酸，也为自己的生活加些调料。

主动求助，拉近心理距离

当身边的人有困难的时候，应当及时伸手相助。同时，自己有困难的时候、需要支持的时候，也不要沉默，应当主动向身边的人求助。也许，这会给别人添一点麻烦，但是，很多情况下主动求助是一件值得做的好事，能帮人们突破原有的隔阂，拉近彼此之间的距离。

在“不战而屈人之兵”的章节中，本杰明·富兰克林寻找契机化敌为友的事例就证明了这一点。为了让那个阻挡自己的议员不为难自己，富兰克林向该议员求借了一本书，认真阅读之后还给他，并附上一封感谢信。正因为此举，那位议员不再像以前那样对富兰克林冷眼相待，而是笑脸相迎，经常帮助富兰克林，最后成了富兰克林一生的挚友。

富兰克林向那个议员借书就是一种求助。这个事例明白无误地告诉我们，主动向别人求助也能给别人带来一种快乐，赢得对方的热情回报。

这不是故弄玄虚，也不是独此一家的奇特事例。很多情况下主动向别人求助确实能给别人带来快乐。因为，作为普通人都有正常的人性需求，就像希望有人为自己鼓掌喝彩一样，希望别人看到自己的价值，尊重自己、信任自己、重视自己，不愿意被别人轻视，不愿意被别人视为可有可无的废物。有人向自己求助，正是体现了自己有价值，表明有人信任自己、尊重自己。因此，向自己求助的声音，就像一曲悦耳的音乐，听到时会很开心。

简单想一想就知道，当你有求于人的时候，在你心目中没有位置的人，你会想到吗？在你心目中没有价值的人，你会找他吗？

再想一想，身边的人向你求助、请你帮忙的时候，是不是觉得自己很有面子？

其实，被人求助的时候，内心的那种被认同、被尊重、被信任、被重视的心理需求就得到了满足。这种心理的满足就是真实的快乐。而且，因为"赠人玫瑰，手有余香"的快乐，还有求助、帮助带来的近距离接触、个性化交往，求助者和帮助者之间的心理距离自然会拉近很多，彼此之间的关系会亲近很多。

看两个身边的事例。

事例一

一套三个人合租的三居室里，只有一个公用厨房、一个公用卫生间。早期只是小刘和自己的女朋友经常在厨房里做饭炒菜，小金和小吴两个人几乎都是在外面吃快餐，休息日偶尔在厨房泡一碗方便面，或是煮点速冻水饺之类。因此，渐渐地都习惯了这样的状态，似乎约定俗成了。

不久后的一天，小吴在网上看到餐馆不卫生的帖子，联想到自己的生活，担心健康受损。而且，想到自己离开校园几年了，也该学会照顾自己了，不能继续随便饮食了。于是，买来电饭煲之类的餐具，油盐酱醋等炒菜用的佐料，晚上下班后、休息日在家里的时候在厨房里自己做饭、炒菜。

自然，这个变化影响了小刘的生活，小两口独享厨房的好日子一去不复返了。毕竟是公共空间，小刘没话可说。但是，嘴上不说不等于心里不在意。小吴感觉到小刘对自己的态度大不如从前，在厨房、客厅相遇的时候，很少像以前那样有笑容，商讨谁先做饭的时候很别扭。

尽管自己没有错，事先也打招呼了，小刘郁闷斗气是他自己的事，小吴没有简单地耗着，展开了热情的攻势——向小刘请教烹调技术。一天，小刘开始做菜的时候，小吴也来到厨房，她笑嘻嘻地对小刘说："我自己做的菜不好吃，以后拜你为师，向你学炒菜，好吗？"

小刘有点吃惊，看了一眼小吴，有点不好意思，说道："我哪里懂什么呀，就是自己看看菜谱，再试试呗。"

小吴说："不管怎样，你很熟练了，我看了菜谱也做不好，手忙脚乱地，经常炒出来的没法吃。"

小刘笑了笑，说道："那是，需要磨炼。"

"那我经常来看你做菜，我做菜的时候问问你，你就当我的厨艺老师，行吧？"小吴说着，还向小刘行了一个拱手礼。

"你都这样说了，我还能说什么。"小刘也乐了。

此后的一段时间，小吴经常到厨房看小刘炒菜，时不时问几个小问题。自己做菜的时候也请小刘来看看，请小刘尝尝自己的手艺。自然，和睦相处的关系恢复了，而且比以前更融洽了。即使是商讨厨房使用时间，也会互相谦让，很和谐。

事例二

公司业务部经理离职了，部门里的资深业务员小魏觉得该轮到自己了。可是，老板觉得小魏做业务不错，做管理不行，没有提拔小魏，而是从外面招聘王先生当业务部的经理。

自然，小魏很郁闷，对老板有怨气，对这个新来的王经理也很冷漠，工作很消极，对王经理的指令也只是消极地应付，时不时还会有一些抵触行为。不仅让王经理感到纠结，业务部的工作也受到了影响。

很快地，王经理明白了小魏情绪不好的原因，专门找小魏聊过，请他理解老板的想法、支持自己的工作，鼓励他多做业绩，多帮帮新手。小魏当然没有异议，“我懂”、“我怎么比得上您呢”、“王经理您放心”、“我肯定会好好干”，等等，是他对王经理的答复。但是，说归说，做归做，小魏的心里面依然有疙瘩，工作热情依然低迷，王经理感受到了，却不知道怎么去解决。

偶然的一件小事使得事情发生了转机，拉近了小魏与王经理的心理距离。

因为王经理以前住在离公司比较远的地方，到这里工作后，上班下班不方便，想在附近租一间房子住。但是，通过附近的中介看了几个地方都不满意。一天快下班的时候，王经理又准备出去看房子，看到小魏也正要出去，就对小魏说了找房子的麻烦事，请小魏帮自己找找，“你是本地人，附近的亲戚朋友多，帮我问问。有人介绍总比自己去找好一点。”

尽管心里有点疙瘩，但是，听到上司请自己帮忙，小魏没有抵触，还有点开心，就陪着王经理去看房子，还给几个亲戚朋友打电话，问问他们那里有没有空的房子。尽管几个信息都因为距离、条件等原因不合适，王经理最后还是通过中介找了一间屋，小魏因为陪王经理找房子的经历，觉得王经理对自己不错，挺信任自己。而且因为找房子的过程中随便聊了一些与工作无关的事，两个人的心理距离缩短了很多。不知不觉地，隔阂消失了，关系和谐了。

主动向身边的人求助，也不失为在人群里生活的一个良策。而且，只要有心就会发现，这样的机会很多。

有问题的时候，带着一份虔诚，向身边的人请教一下；

需要小东西的时候，向身边的人借用一下；

自己忙不过来的时候，请身边的人帮一把；

心里纠结的时候，请身边的人开导一下；

临时急需的时候，向身边的人借点小钱应应急；

……

当然，有时候也不能随便向身边的人求助。

首先有一个前提条件，不要强求对方违规、违法。这是做人的基本道德，也是对亲朋好友的尊重和保护。

第二，不能占用、耗费对方比较紧张的资源，例如金钱、时间，还有他们自己正在使用或是很急需的物品。

对于富翁，花几万元也许不足挂齿；对于普通人，几千元可能就是一个不小的数字。同样，对于比较悠闲的人，用几天时间来做一件事算不了什么；对于很忙的人，几个小时都很难挤出来。因此，如果你的求助需要别人拿出他们自己都紧张的资源，他们不会开心，可能会感觉很烦。

还有，不要超出对方的能力，勉为其难会影响彼此之间的关系。同时要注意，不要在别人高度紧张的时候去求助，不要在别人情绪很差的时候去求助。

除此之外，尽可以大大方方地向身边的人求助，这是热情亮相的另类表现。毕竟，每个人都会遭遇迷茫、困难、麻烦，需要别人的帮助。大多数人明白这个道理，有帮助别人的善心，不会冷冷地拒绝，不会袖手旁观。因此，你能得到自己需要的帮助。与此同时，“赠人玫瑰，手有余香”，在力所能及的情况下，给身边的人一点帮助，他们也能感受到一种发自内心的、有钱也买不到的快乐。

热情洋溢地亮相，大大方方地向身边的人求助。

人间心语

因为“赠人玫瑰，手有余香”的快乐，还有彼此之间的近距离接触、个性化交往，求助者和帮助者之间的心理距离会拉近很多，彼此之间的关系会亲近很多。

心存感激，真情流露

助人为乐。既高尚又高明，因为它能够使你享受到一种发自内心的、用钱也买不到的快乐，还有别人赠还给自己的热情力量。与此相应，用语言和行动向善意帮助自己的人表达感谢，大声地说一声“谢谢”，既应该又高明，因为能够让帮助自己的人更开心，以后帮助自己会更上心、更热心。

积极地感恩，大声地“谢谢”，在人群里面生活需要有这样的热情。

怎样用语言和行动向帮助自己的人表达感谢？会有什么好处？一个德艺双全的表演大师给我们做出了表率。

一个剧院正在上演一场话剧，未上台的演员们都在后台等待上场，演主角的一位表演大师也在那里等待。偶然，一个年轻演员从这位大师身边路过时，发现大师的鞋带松松垮垮地耷拉着，于是赶紧提醒他：“老师，您的鞋带松了。”

这位大师听到后，向年轻人点点头，微笑着说了一声“谢谢”。然后蹲下身，慢慢地系好鞋带。站起身之后，看到这个年轻人已经走远了，大师又蹲下身，将鞋带解松，恢复到原来的松松垮垮模样。

旁边一位剧务看到了，不解地问：“老师，您为什么又把鞋带解松呢？”

大师回答道：“我演的是一位劳累的徒步旅行者，上场时是长途跋涉之后。不仅表情动作要有疲惫感，鞋带松开了这样的细节也要注意，这是旅途劳累憔悴的表现。”

“那您刚才为什么不直接告诉那个年轻人呢？”剧务又问。

“他能细心地发现我的鞋带松了，并且热心地提醒我，这样的好心要保护，所以我要谢谢他，还要当着他的面系好鞋带。这样他的热心没有被泼凉水，会很开心，不会把我当外人，不会觉得我这人难以打交道，以后还会继续提醒我、帮助我，帮助其他人。”

“哦，是这样呀，您真细心。”剧务点点头。

顿了一会儿，大师接着说：“至于为什么要将鞋带解开，等下次与他们谈表演的时候，再讲解给他听也不迟啊。”

剧务开心地笑了：“怪不得，很多大腕总让人不敢接近，而您的名气这么响，我们一点都不怕，还很喜欢和您待在一起。只要您招呼一声，谁都乐意上。”

因为善于用语言和行动向帮助自己的人表示感谢，当然还有其他的优良素质和好习惯，使这位德艺双全的表演大师不仅在社会上很红，而且圈内人对他既崇敬又亲切，没有什么隔阂，很多人喜欢与他合作，会尽力当好他的配角、助理。工作过程中，即使是跑龙套的演员、打杂的剧务也很尽力配合他，而不是阳奉阴违，更没有人会在背后说他的坏话、传他的谣言。

热情地面对别人的善意，用语言和行动向帮助自己的人表示感谢，会让帮助自己的人更开心，对自己更上心、更热心。这还不高明吗？

反之，身边的人在给你一份热心、一个帮助后，你懒得管理，让他们有一种“热脸贴上冷屁股”的伤感，他们还会关心你吗？还会像以往那样热情地帮助你吗？除非是特别高尚的人。大部分人的心灵很脆弱，也许在一次、两次之后就会渐渐远离你，你看到的将不再是一张张笑脸，而是一张张冷漠的脸。

想一想自己，问一问朋友，给别人一份帮助后得到一句热情的“谢谢”，你不开心吗？不会继续帮助他吗？如果一个人对你的热情帮助很冷漠，一句“谢谢”都没有，甚至说你多管闲事，你不伤心吗？以后还愿意帮他吗？

用语言和行动向帮助自己的人表达感谢，不难。一些人做得不错，也有不少人不懂这份感谢的价值，不知道怎么面对别人的善意。

事例一

一对夫妻结婚，亲戚朋友们都送来贺礼。丈夫的一个中学同学送的是一幅装裱好的字画，里面有“百年好合”几个字，还有几朵红花。

妻子品位高雅，看了不喜欢，说：“太俗了，搁一边去。”

老公不同意，还要把它挂在显眼的地方。“我也觉得这东西俗，可是，这是人家的一番心意，先挂几天。他来了，看到了，就会很开心。过段时间再拿下来就是了。”

几天后，那个同学来拜访，看到自己送的东西挂在新房的墙上，笑得很灿烂。

事例二

春节回家乡过年的同事，回深圳上班时都带了一点家乡特产，给同事们尝尝。重庆人小万带来的是怪味豆，给部门的同事一人一小包。几个同事立刻打开，一边吃一边说，真香、好吃。

但是，广东人阿玲、阿力都不吃辣的，吃了一颗就受不了，确实吃不惯。

阿力把自己的那包递回给小万，“太辣了，我不要，你自己吃吧。”小万接过来，笑容有点僵。

阿玲把怪味豆包好，放到包里，对小万说，“好东西，我享受不了。我男朋友是湖南人，肯定喜欢，我代他谢谢你了。”小万的脸上恢复了笑容。

事例三

一家公司组织员工举行运动会，几个同事正在乒乓球台前休息和议论，行政部的小林抱着几瓶饮用水过来，递给大家。可是，几个人兴高采烈地聊着，没怎么答理他，其中有两个人只是冷冷地接过来，还有人摇摇头、摆摆手，不接。

小林的笑容凝固了，站在一旁的生产部孙经理走了过来，伸手接过一瓶水，笑嘻嘻地说：“太好了，我正想喝水。”然后拧开瓶盖，仰头喝了两口。

小林很高兴，笑嘻嘻地说了一声："渴了就多喝。"然后转身走了。

其实，孙经理刚喝了水，并不渴。但是，看到小林热情地为同事拿水过来却遭遇冷脸，就过来拿一瓶水，并且立刻拧开盖子喝水，让小林高兴一点。

事例四

小刘在一家服装公司工作。一天，公司要搞一场新款服装发布活动，并有一段时间的时装表演。因为活动场地就在自己租住的地方附近，小刘就多要了两张票，打算送给与自己合租一套房子的小邓、小顾。

"我们公司要搞一场服装发布会，还有时装表演，就在附近的歌舞团礼堂。我多要了两张票，明天你们一起去看看吧。"小刘说。

"好呀，现场看时装模特表演，不错。谢谢哦！"小邓接过票，笑嘻嘻地说。

"哪里来的模特？"小顾接过票，看了一眼，又递回给小刘，"你们公司搞的，我估计就是一些二流三流模特，没什么意思，你们去吧。"

小刘接过小顾递回来的票，摇摇头，苦笑一声，没说什么。

事例五

周末，两个女人相约一起逛街。商铺林立的步行街上很多店铺在打折优惠。经不住打折的诱惑和店员的鼓动，两个人都买了一些东西。在同一家服装店，各自为自己的老公买了一件打折的衬衫。

"很便宜，还是小有名气的牌子，值！"两个人兴高采烈地回家了，拿出买的衬衫给自己的老公试穿。

王女士的先生穿了一下，合身，对老婆说："很合身，款式也不错，还这么便宜，你真会买东西呀！"王女士很开心。

赵女士的先生听说是打折的，接过衬衫看了一眼，问了一下价格，随手将衬衫扔在沙发上，说道："这么便宜的东西你也买，穿出去不让人笑话吗？"赵女士脸上的笑容立刻消失了。

类似的事例还有很多。不过，这几个事例已经说明大声说"谢谢"是怎么一回事了，以及有什么样的价值。

尽管帮助别人不是为了得到回报，也许“滴水之恩当涌泉相报”的要求太高。但是，得到别人的善意相助，不要忘了回报，要让帮助自己的人更真切地享受到助人的乐趣。不要冷冷地面对别人的热情，不要把别人的善意视为理所当然。

其实，这不需要涌泉相报，只要回报几滴滋润对方心灵的“水”，一个带有感激之意的微笑，一句简单的“谢谢”、“ 我喜欢”、“太好了”，等等，足矣。

说“谢谢”时也有几个细节需要注意。

我们知道，好心做的事未必是好事，像那个提醒大师“鞋带松了”的小伙子那样好心做错事的现象经常出现。当你有这样的遭遇时，要向那个演艺大师学习，同样认真地表示感谢，保护热心人的善心，保护好彼此之间的情谊。

有人想好好帮助你，但是不懂你的需求，做的事、说的话不是你所重视的。此时，热情地表示一下感谢，不要一副“事不关己、高高挂起”的样子，懒得答理别人。

当别人告诉你、提醒你的事情，你已经知道了，也要表示重视，表达感谢。来几句“真的吗”、“太好了”、“谢谢你告诉我”、“这个消息对我很重要”，等等。不要冷落对方，不要说“我已经知道了”、“这还用你说”之类的话。

当别人“心有余而力不足”的时候，当他们好心做错事的时候，依然要热情地表达感谢。不过，不能太简单。“谢谢你的这份心意”，“我知道你是好心”，等等。不要爱理不理，更不要说“多管闲事”之类的话。

收到礼物了，尽快打开，当面欣赏，表示一下赞美，“我好喜欢”、“我正想要一个”。不要冷冷地扔在一边，不要说“好土”、“不好玩”之类的话。

信息时代的热心经常是通过网络系统来传递的。此时要记住，有线的、无线的网络都是渠道，是工具，但传递爱心和热情的人都是现实世界的人，不是虚拟的人。因此，对那些不是面对面传递的热情，依然要大声“谢谢”。收到祝福的邮件、短信时，应当尽快回复，通过文字来表达自己的感谢。“收到、谢谢”，“同乐”，“同样祝福你”，等等，都能让对方感受到你的谢意，保护好彼此之间的情缘。

在人群里面生活，要善于帮助别人，还要积极地感谢帮助自己的人。

人间心语

热情地面对别人的善意，用语言和行动向善意帮助自己的人大声地说“谢谢”，回报几滴滋润对方心灵的“水”，既应该又高明。

闻过则喜，有错就改

热情洋溢地亮相，不只是主动地展现笑脸、助人为乐。有时候需要喝一杯苦口的良药——虚心面对别人的意见，及时改掉自己的毛病。

身为普通人都会有这样或那样的毛病、缺陷。正如古人所言，人非圣贤，孰能无过？

有一些毛病、缺陷，属于正常，不必苛求自己完美无缺。但是，人间不是孤岛，自己的缺陷、毛病影响到身边的人，对他们造成伤害了，就不能一如既往地潇洒。要虚心面对别人提出的意见，改掉那些毛病，不要继续自己的错误。你虚心改正错误了，身边的人会很开心，更喜欢你，同时更尊重你。反之，巧言吝啬、强词夺理，拒绝别人的批评意见，对方会不开心，对你的怨恨会不断攀升。严重的，会演变成纠纷，你和他们也没法再心平气和地相处。

像喝下一杯杯苦口的良药那样接受别人的意见，改掉自己的坏毛病。这并不难，因为你的言行都是自己控制的，能变化；但也不容易做到，因为有两大难关需要突破。

虚心面对意见，第一大关是“芝麻西瓜效应”。

将自己的“芝麻”看成“西瓜”，却将别人的“西瓜”看成“芝麻”，这就是“芝麻西瓜效应”，是人性的一个严重缺陷，很普遍。前面也多次提醒过，要清醒认识这个缺陷，努力突破“芝麻西瓜效应”。

尽管是老生常谈，依然要提醒和强调。因为，面对别人的意见时，很多人不在意、不重视，不及时修正自己的言行，原因就在于此，觉得自己对别人的影响、伤害很小，微不足道；同时，觉得别人有意见是小题大做，甚至是故意刁难自己。

“这点小事还是事呀”，“你怎么这么挑剔”、“我不觉得这有什么呀”、“这点小事还专门提出来呀”、“你也太小题大做了吧”、“你心眼太小了”，等等，一些人在听到别人的批评意见时，经常这样回答。

面对别人的意见，需要突破人性的这个致命弱点，突破“芝麻西瓜效应”。提醒自己，学会换位思考，站在别人的位置上来看待自己的毛病、错误，虚心接受别人的“小题大做”，尽快修正自己的言行。不要掉进人性弱点的陷阱里，不要把别人的大“西瓜”当成小“芝麻”。

其实，普通人之间，无论是生活上的纠结还是工作上的要求，很少有真正的大事，几乎都是鸡毛蒜皮的小事。例如，身边有人在吃饭，不管不顾地脱下臭烘烘的鞋子；洗衣服总是不拧干，晾晒衣服时经常弄湿别人的东西；接打电话声音很大，吵得身边的人难受；杂物乱放，弄得别人行动困难；提交的资料经常出现数据错误，影响同事的计划和安排；等等，有哪一件事是大事呢？

但是，这些小事确实影响到身边的人，伤害到他们了。

何况，大多数人不愿意给自己惹麻烦、不愿意惹身边的人不开心，很少有人会“小题大做”向别人表达不满，提出意见和要求，经常是忍无可忍了才会提出来。

因此，别人提出了意见，不是小题大做，不是故意刁难你，不要置之不理。否则，一点一点的积累起来，他们会很伤心，你会很麻烦，人生舞台上会增加很多悲剧。

虚心面对意见的第二大关是虚荣心。只有抛开虚荣心，才能虚心接受别人的意见，不会为了面子而拒绝别人的批评。

很多人在听到别人的批评意见，明知道自己不对、有错，也知道应该接受意见、修正自己的言行，却拒不认错。有些人冷冷一笑，置之不理；有些人强词夺理地顶撞别人的批评意见，“我不管”，“我就这样”，“你管得着吗”，“这是我的自由”，等等，一副“你奈我何”的架势，弄得自己的缘分空间充满杀气。这一切的根源就是虚荣心，是面子第一的错误心态在作怪。

人为什么会有强烈的虚荣心？这是自尊心的扩张。

每个人都有自尊心，会努力维护自己做人的尊严，这很正常，也很应该。但是，很多人的心态没有调整到适当的状态，自尊心放大过度，变成了虚荣心，面子至上，因此做出很多愚蠢、恶劣的言行。毫不夸张地说，各种各样的愚蠢行为、恶劣行为，几乎都是因为虚荣心而产生并持续的。因此，说虚荣心是愚蠢、恶劣行为的根源，是人生失败的罪魁祸首一点都不过分。要在人群里面好好生活，避免经常影响别人、伤害别人，就必须突破虚荣心，虚心接受别人的批评意见。

“任何人都可能犯错误，但只有傻瓜才坚持错误。”这是古罗马著名哲学家西塞罗留下的告诫，值得铭记在心。如果你被虚荣心控制了，不接受别人的批评意见，就是愚蠢的表现，是在伤害自己。你的错误不会因为你不承认而变得正确，你的毛病不会因为你不承认而变好。为了面子不接受批评、不改正错误，只会让身边的人经常受到伤害，给自己制造更多、更高大的“墙”。

反之，抛开了虚荣心，虚心面对别人的批评意见，减少、消除对别人的不良影响和伤害，身边的人会很开心，会更尊重你、喜欢你，不会有什么“墙”突然冒出，会有很多“路”铺到你的脚下。

面对别人的批评意见，不要说“有谁规定不可以？”确实有很多东西没有规定不可以，但是，要在人群里面好好生活，要与身边的人和谐相处，就得尊重别人的感觉。

面对别人的批评意见，不要说“我愿意”、“你管不着”之类的话，只要确实影响到身边的人，就要放弃你的过分自由的欲望，而要学会自律。

面对别人的批评意见，不要说“我又不是故意的”、“我只是不小心”之类的话。毕竟过错也是错，也会伤害身边的人，不应该继续，不应该重复。因此，不是故意的、只是不小心不是你拒绝批评意见的理由。

面对别人的批评意见，不要说“就你多事”、“别人都无所谓”之类的话。对你有意见不是挑剔，向你提意见不是多事。其他人没有向你提出意见，不等于没有意见，很多人是因为张不开口提出来。

面对别人的批评意见，不要说“你怎么只说我呀”、“又不是我一个人这样”、“看看你自己吧”之类的话。因为，别人有类似的毛病或没有做好都不是合理的挡箭牌。

不要为了虚荣心而找借口拒绝批评意见，这是慢性自杀。即使你很霸道，别人惹不起你，结果如何？只会招来别人的怨恨甚至报复，使自己的缘分空间越来越冷。

“做人最要紧的，是让人由衷地喜欢你、敬佩你本人，而不是你的财力，也不是表面上的服从。”记住李嘉诚先生的这句话，虚心面对别人的意见，有错就改。你就会赢得他们由衷的喜欢和敬佩，在人群里面笑得很开心。

人间心语

虚荣心是愚蠢、恶劣行为的根源，是人生失败的罪魁祸首。被虚荣心控制了，为了面子不接受批评、不改正错误，只会让身边的人经常受到伤害，给自己制造更多、更高大的“墙”。

遵守品德，利人利己

虚心面对别人的意见，及时改掉自己的毛病，很好。但是，这还不够，应该更上一层楼，从被动到主动，主动关注别人的需求愿望，主动修正自己的缺陷毛病，适应别人的合理需求。而不是等到别人提意见、抗议了再行动。

中华民族有深厚的“忍”文化，很多人在受到影响、伤害时，经常是默默地忍受，或是转身离开，来一个无声的抗议，很少有人会立刻表达自己的不满。除非实在是忍无可忍、憋不住了，才会提出意见和要求。

因此，要减少对别人的不良影响和伤害，赢得他们由衷的喜欢和敬佩，在日常生活、工作过程中，多长几个心眼儿，注意身边的人对自己的态度和表现，及时捕捉到别人流露出的不满情绪，想一想自己什么地方出错了，然后尽快终止错误，尽快修正言行，不要继续错下去，避免以后重复类似的错误。

有以下三点需要注意。

① 注意无声的抗议。

因为你的某种言行影响到别人了、伤害到他们了，别人即使不说，也会自然而然地流露出某种反感、厌恶的表情或动作，起身走开，或离你远一点。这就是向你提出的无声的抗议，此时无声胜有声，要注意别人无声的抗议，不要漫不经心地继续错误。

无声的抗议虽然无声，但是没有潜伏得很深，细心一点就能发现。

室友在吃东西时，你在他身边脱鞋子。他看你一眼，然后起身出去了。这就是无声的抗议。

同事趴在桌子上午休，你大声地通电话。她眯着眼睛抬起头，瞪你一眼。这就是无声的抗议。

你把衣服晾晒在公共阳台上，好几天都不管，合租的邻居气呼呼地把你的衣服推到一边。这就是无声的抗议。

吃过晚饭后把碗筷一扔，转身就走到自己的房间里打开电脑上网。婆婆收拾碗筷时噼里啪啦的声音乱响，时不时向自己这边瞪一眼。这就是无声的抗议。

你戴着耳机听歌，母亲叫你都不理。她伸手拉拉你，眼睛里流露出无奈和伤感。这就是无声的抗议。

你半夜三更回到合租的房子里，开门、关门的声音震天响。第二天早上，隔壁邻居起来了，不再是轻轻地开门关门，而是声音震天。这就是无声的抗议。

……

只要不是故意装傻，这些无声的抗议很容易感受到，也很容易理解。

② 以阳光心态面对别人在你背后说的坏话。

我们都不赞同在别人背后说坏话，倡导有意见当面提，不在背后嚼舌头。但是，这种现象很普遍，也可以理解。很多人对身边某人有意见，但是因为种种原因，不会直截了当地说出来，总是憋在心里又很难受。因此，遇到可以说心里话的铁杆兄弟、闺密时，会把心里的委屈与不满都倾诉出来，解放自己的心灵。遇到自己觉得可以信任、也可以向对方传递一些信息的人，也会找机会说道说道。这样既可以释放自己的心灵，又希望自己的不满能够曲线传递，让对方注意一些。

因此，如果你听到关于你的一些坏话时，不要简单地指责别人在背后说你的坏话，不要愤愤不平地说"有人造谣"、"那是污蔑"，更不要愤怒地去找人算账。以阳光心态面对背后说你的那些坏话，心平气和地想一想，自己哪里出问题了、没有注意到哪些问题，毕竟无风不起浪，别人说你的坏话，总有某种原因，总有一些根据。

③ 努力适应更高的要求。

小李为了离女朋友更近一些，换了一份工作，并通过中介在公司附近一套两居室的合租屋里租了一间房。另一间住的是一个女孩，两个人共用一个厨房、一个卫生间。

尽管两个人年龄接近，但是，小李住进去的一段时间，两个人相处得很不好，女孩小杨对小李很冷漠，见面的时候都不答理他，在计算分摊费用的时候也不友好。小李觉得奇怪，自己性格开朗，也很尊重小杨，注意自己的言行，没有什么歪念头，为什么小杨对自己这么冷漠？自己哪里得罪她了？小李百思不得其解！

原来，小杨有洁癖，很爱干净，走廊、厨房、卫生间，稍微有点脏就感觉别扭，不愿意踏进去。小李是个小伙子，虽然也注意卫生，不会乱扔垃圾，锅碗瓢盆会及时洗干净，垃圾袋满了会扔出去。但是，对厨房、卫生间里的一些污渍，他觉得正常，不太在意。因此，厨房的燃气灶、抽油烟机、水池，卫生间的洗脸盆、坐便器，他不会想着擦洗。因为这个原因，小杨对小李很不满，有怨气，对他没有好脸色。

偶然的一天，小李从外面回来，看到小杨在打扫卫生间，用了很多清洁剂，用力擦洗脸盆、坐便器，擦洗过后干干净净，像新的一样。再看看厨房，也很干净。

看到这些，小李明白了。虽然没有像小杨那样特爱干净，还是改变了很多。每次洗完锅碗瓢盆，会注意清洁一下燃气灶、抽油烟机；大概一个星期左右会擦洗一下卫生间的洗脸盆、坐便器。

因为小李的这些变化，小杨的态度也渐渐变了。相遇时不再冷冰冰的视同陌路，计算分摊费用时也不再斤斤计较，两个人相处得很和谐。

这是发生在我们身边的小事例，它告诉我们，即使你没有做错什么事，只是身边某些人的习惯不同、要求更高，也不要漠视，应该尽量适应。适当调整一下自己的言行习惯，改进一下自己的行为标准，让对方感受到你对他们的尊重。

人群里面就是这样。如果身边某人对你有更高的要求，无论是公开提出的还是通过其他方式提醒，不要漠视、不要抵触，努力适应更高的要求。须知，这既能展现自己的热情，又能提高自己的素养，改掉某种陋习，形成某种好习惯。何乐而不为呢?

人间心语

多长几个心眼，注意无声的抗议，以阳光心态面对别人在你背后说的坏话，尽快终止错误、尽快修正言行，不要继续错下去，避免以后重复类似的错误，并努力适应更高的要求。

本章小语

害人之心不可有，防人之心不可无。大爱之心，你更不可缺少。

积极展现蕴藏在心灵深处的热情，用热情的言行来面对身边的人，这是最淳朴的大爱，是最厚实的大爱，更是在人群里面开心生活的力量之源。

毫不夸张地说，热情的笑脸和言行，是成本最低、价值最高、应用最方便的资源，有热情的人备受欢迎，热情洋溢的人更有不可抗拒的魅力，走到哪里都是宠儿。因为，人人都渴望见到热情的笑脸，听到热情的语言，并会给予相应的回报。

人生的冷暖取决于心灵的温度，取决于心灵深处的热情是否激活了。热情洋溢地亮相人间，不要把你的热情藏起来，不要羞于表达，不要怕被误解，不要怕热脸贴上冷屁股，不要让你拥有的宝贵资源静悄悄地流失。要明白，热情虽然价值非凡，藏在心灵深处不展现出来，那就一文不值，更不会升值。

人与人之间可以相敬如宾，但不应该相敬如“冰”，更不能相敬如“兵”。请激活心灵深处的热情，用实际的言行展现你的热情，你身边的配角们会很开心地陪伴你，你的人生舞台上会充满欢歌笑语。

与之相反，明白了主动开口的价值，并且保持这个良好习惯的徐小伟，与身边的人相处得都很好，好几个原本陌生的合租邻居后来都成了他的朋友，且经常联系。

徐小伟是个普通的北漂一族，工作不稳定，经常因为换工作而搬家，到工作地点附近租房子住。因为收入不高，都是在一套房子里面与几个陌生人合租。

有合租经历的人都知道，合租不好受，不管是同性合租还是异性合租，多间房、多个人，矛盾冲突也很多，很多人因为合租的事而纠结、郁闷。徐小伟也曾经因为合租而经常纠结。不过，经过总结经验教训，徐小伟有了高招。每次搬到新房子里面后，都会主动找新邻居交流。

首先，他很认真地向合租邻居介绍自己。自己的家乡，自己的工作，自己的日常生活习惯，自己的优点、缺点等。

同时，他会认真地询问，除了合同上的内容，在这里住有什么要注意？公用的客厅、卫生间、厨房、家电，有什么缺陷毛病？使用时有什么要注意的地方？

而且，他会询问对方对自己有什么要求，并且经常说出这样几句话，“哪怕我们不是朋友，只是邻居，我也会笑脸相待。”“我不会故意制造麻烦，如果不小心影响到你，肯定是无意的。”“你觉得我做错了什么，哪里没有注意到，直接提出来。”等。

不仅如此，在随后的日子里，他也经常主动与邻居说话，询问对方“这段时间，我哪里没有做好？”觉得对方有些地方不妥，他也会提出来。如果与邻居发生争论，他还会说，“牙齿和舌头都会打架，一家人也经常吵架，我们有些矛盾没关系。我不把你当敌人，你也不要把我当敌人就行。”

因为主动开口说出自己的心声，徐小伟与各种各样的邻居相处得都不错。虽然免不了矛盾冲突，但是很少发生激烈的冲突，很少闹得不欢而散。

有话不说，闷在心里，等着别人先开口，身边经常迷雾重重，人与人之间的情谊会很快消退，只能看着悲剧在自己身上发生。主动开口说出想说的话、该说的话，使自己的身边充满阳光，就能预防误解、消除很多矛盾冲突的隐患，增进彼此之间的情谊。

“君子敏于行而纳于言”，这是古人推崇的一种品行，强调多做事、少说话，不要浮躁。这句话没有错，但是不能走偏了。在人群里面生活，与各种各样的人在一起交往，不能过于木讷，不能总是少言寡语。要主动开口说话，及时搭建心灵之桥。

想说的话、该说的话，及时说出来。有些话会让别人感到踏实、感到温馨，也有些话会让别人感到有压力，还有些话可能会让一些人觉得奇怪。但是，不管怎样，有话就要及时地说出来。

只要你是真诚的、认真的，你说出来的话就会有作用，会受到重视，就能预防和化解你与他人之间的一些误会和矛盾，引导大家一起坦诚地面对、和谐地相处。还会使你自己或者身边某些受伤的心灵得到慰藉，心灵的伤口得到愈合。毕竟大家都是普通人，都渴望自己身边的人是朋友，不是对手。因此，只要你走出第一步，大部分人会给予积极的响应，会接着走那九百九十九步。

对他人有什么意见和要求，要及时说出来。

需要帮助的时候，也要主动提出来。尽管别人未必能帮你，未必能够实现你的期望，但是，至少能够让他们知道你的心愿。而且，大多数人会在力所能及的情况下帮助你。即使不能完全帮你解决问题，也能让身边的人更了解你、更关心你，能够促进情谊。

感谢的话，要及时说出来。这不仅是礼貌，更能增进彼此之间的关系。一句热情的“谢谢”传递了很多信息。他们会知道，你对他们的那份友善很在意，受到你的欢迎和珍惜，他们对你的帮助很有价值。而且，会让听到你感谢的其他人知道，对你的热情不是白费，你值得他们热情地关心和帮助。

自己有错了、伤到别人了，要及时主动道歉。这可以化干戈为玉帛，会卸下自己的心灵包袱，并使对方的心灵伤口得到愈合。对方会原谅你，对你的印象也更好，以后相处时便不容易出现误会。

表达友好之意、拉近关系的话，要主动说出来。“我不想和你争吵”，“我不想与你为敌”，“我想和你做朋友”，“我没有想过伤害你”，“我想与你像恋爱时那样”等等，说出来，这是人生的高境界，不是向别人妥协，不会让你失去尊严，只会让你更受人尊重。而且会融化对方心灵里的“冰块”，使双方的情谊回升到正常。

如果你还是张不开口，可以利用其他方式来“开口”。请看：

有一对情侣真心相恋后结婚了。但是，蜜月过了不久，琐碎的小事成为日常生活的主角，两个人都很有个性，因此经常为一些小事争吵。而且，谁都觉得自己有理，觉得对方是无理取闹、小心眼儿、不理解自己，等等。结婚三年后，两个人都觉得很累，日常生活中，连话都很少讲，经常通过邮件、短信简单沟通。“离婚”被双方多次提出来，越来越趋向现实。两个人都有心理准备，再吵架就离了算了。

偶然的一天，丈夫在一条街上看到感人的一幕，那是一个男人在哄自己的妻子回家。听路人说，那个女人精神有毛病，经常发作，一发作就一个人发疯地在街上乱跑。这时，男人总是紧紧追随，不断地哄、不断地拉，千方百计地把妻子带回家，从来都没有抱怨什么，也没有离婚的打算。

准备与自己妻子离婚的丈夫听了后很受感动，很想将自己的几句心里话对妻子说。可是，他不知道该怎么开口。回到办公室后，坐下来想了想，打开电脑写了一封 E－mail 发给自己的妻子，把自己看到、听到的说给她听。

“别人那样艰难，都能不离不弃地走下去。我们两个人都是大学毕业，心智健全，真心相爱，为什么会为了那些鸡毛蒜皮的小事就闹分手呢?”他在邮件里写到。

最后他写到，“亲爱的，我爱你！我们一起携手一辈子吧！”

妻子回家后，打开邮箱读到了这份邮件。看完后，立刻流着眼泪拨通了丈夫的电话。电话接通后只说了一句：“我要你马上回家！”

此后，两个人经常像恋爱时期那样甜甜蜜蜜地说几句话，很温馨、很幸福。尽管还会有争吵，“离婚”二字则消失得无影无踪。

不管是什么方式，迈出第一步，主动地说出自己的心声，价值非凡。

人间心语

主动开口说出想说的话、该说的话，使自己的身边充满阳光，才能预防误解、消除矛盾冲突的隐患。你不主动说出来，别人怎么会知道你的愿望、你的难处、你的担心、你的善意？

有话好好说

前面讲述过英国女王维多利亚敲开丈夫书房门的故事。一开始，女王敲门之后面对丈夫的询问，她盛气凌人地回答“英国女王！”可是，在门口等了很久，书房门都没有打开。后来，女王再次敲门，很温柔地说道，“我是你的妻子。”很快，丈夫笑嘻嘻地打开了房门。

女王敲开了丈夫的门，原因是她转换了身份，以妻子的身份面对丈夫，而不是以女王的身份面对臣民。因此，得到了丈夫的欢迎。

可见，有话要好好说才能让别人愉快地打开心门。假如沟通的态度不好，即使说的内容很真实、有道理，依然不能让人痛痛快快地打开自己的心门，不会有很好的效果。

沟通很重要。但是，沟通不是领导作报告，是双向的，互动的，需要对方响应，需要热情的回应，而不是一只从耳朵听进去从另一只耳朵出来，更不要招致反感和抵触。因此，要让对方愿意听、喜欢听，至少是心平气和地听进去，这是沟通有良好效果的基础。如果你说的话对方不愿意接收，听不进去，千言万语也只是耳边风，毫无价值。甚至会起到相反的作用，使对方因为你的话而心生怨恨，远离你，抵触你，反击你。

人生最大的悲伤是冷漠的沟通！沟通需要良好的效果，有话需要好好说。这不是别人故意刁难，而是人性使然。因为，人不仅是有思想、会思考的理性动物，更是感性动物，心灵脆弱、敏感多疑、情绪丰富。而且，感性因素不需要通过大脑去思考是对还是错，直接就刺激心灵，立刻就会自动做出反应，对人的影响更直接、更有力。只要你说话的词汇、语气语调、表情动作等有些不对劲，就会刺激对方的脆弱心灵，引出反感、厌恶、抵触之类的逆反情绪。哪怕你说的内容都是真实的，用的词句本身没有侮辱的意思，态度不好也会引发逆反效果。即使对方勉强接受，效果不会好。

而且，同样的内容，不同的说法，表达的意义确实不同，千差万别。

“你好”，冷冰冰地说，笑容满面热情地说，微笑着说，效果完全不同。

“你这家伙真坏”，怒吼地说，嗲嗲地说，闷闷地说，笑嘻嘻地说，用手指着鼻子说，效果完全不同。

“这是怎么回事”，一脸诚恳地说，满脸疑惑地说，面目狰狞地说，乐乐呵呵地说，效果完全不同。

事实上，一句话传播的信息中，单纯的词句内容只占信息总量的7%，语气语调占38%，55%的信息是由非语言的表情和动作来表达和传递的。

由态度控制的语气语调、表情动作都如此重要。我们还有什么理由不去注意说话的态度呢？

话不投机半句多，开口就要好好说。与身边的人沟通，不仅要注意词句，还要注意说话的语气语调，注意自己的面部表情和肢体动作，这些都代表着你的思想和情感。

开口就要好好说！怎样才算好好说呢？细说起来，那是厚厚的一本书，暂且不论。不过，必须以平等、尊重、热情的心态来主导自己的语言、表情和动作。

只要不是很严肃的话题，带着微笑热情地说，诚恳地说，心平气和地说，可以体现你的真诚友好。说话的语气语调要柔和，眼睛要看着对方，目光不游离，不紧盯着别的地方，可以体现出你的尊重和重视。不要随意，不要冷漠，不要盛气凌人地大呼小叫。

身体姿态要开放谦恭，动作要自然，不要紧张拘束，不要随随便便地摇晃，一副不耐烦的样子，这会显得自己没有底气。同时，不要一副目中无人的样子。双手叉腰、指手画脚、对别人的身体指指点点，这类动作都使不得。还有，不要表现得过于亲密，否则，别人会感到肉麻，会起鸡皮疙瘩。

提意见、提要求、提希望的话，更要好好说。即使自己有理，也不要理直气壮，应该理直气和。要就事论事地说，说事实而不是发牢骚，提愿望而不是下命令，尽量以商讨的口吻向对方传达自己的主张和意见，以求教、征求对方意见的方式来提出自己的建议。不要把无关的事情牵扯进来，尤其不要牵扯到对方的品德、性格上，以免节外生枝生出新的麻烦。更不要粗鲁，不要恶言相向，不要拍桌子叫骂。

记住，理直气和才能让别人愿意听，愿意接受你说的理；理直气壮地说，强硬的口气会引发对方的误解、抵触，甚至逆反的对抗。这样只会激化矛盾，拉大彼此之间的心灵距离，走向愿望的反面。

此外，与别人的生活、工作有关的事要提前说，用征询意见的语气说，用商量的语气说。即使合情合理，即使对方心里明白、没有理由拒绝，也不要事到临头了才来一句简单的通知。否则，对方心里会很难受，即使表面不说，点头答应，也不会热情地配合来到身边的人和事。

拒绝对方的话，同样要好好说。面对自己不愿意接受的意见、要求，首先要冷静下来，不要把对方当成敌人。然后，认真地说出自己的理由，但是不要简单地否定对方，更不要强词夺理地反驳对方的意见。尤其要注意，不要把说理当成是对抗，不要把拒绝的语言等同于恶言，不要开口就像开枪一样。

请记住，心灵之桥很重要，沟通需要有好效果，有话一定要好好说。尽管这一座座心灵之桥是虚拟的，都有自己的质量，有好有坏。搭建心灵之间的桥梁，也要与搭建江河上的桥梁一样，要细心，不能粗制滥造，不能让心灵之桥的桥面上布满刺人的“钢钉”。否则，不仅很难沟通好，还会刺伤人的心灵，把人吓跑，使人不愿意接近你。严重的，会向搭桥的人扔“炸弹”，报复粗制滥造心灵之桥的人。

人与人之间的情感来源于交往过程的体验，人际交往的过程就是信息交换的过程。因此，要给对方留下好印象，就要重视自己传递的信息会给他们带来什么样的感受，有话就要好好说。

有人经常说自己是“刀子嘴、豆腐心”，说话直，没有坏心眼儿。可惜，刀子嘴传递出的信息很伤人心，豆腐心却是深藏不露，别人看不到。因此，这不是说话简单随意、粗鲁无礼的理由。须知，传播爱的信息永远是柔和的。充满火药味的每一句话，都会像一颗射出枪膛的子弹，像一股突然刮起来的 12 级狂风，冷酷无情。得到的反应只能是冷冷地远离，还有无情的反击。甚至可能引发激烈的冲突，小事也会变成大事。

有话就要好好说，可以很坦诚，但不能简单粗鲁。

人间心语

搭建心灵之间的桥梁，也要与搭建江河上的桥梁一样，要细心，不能粗制滥造，不能让心灵之桥的桥面上布满刺人的“钢钉”。

攻心为上，事半功倍

有一段时期，印度的女士们非常喜欢戴帽子，以体现自己是有身份的人。在电影院看电影，很多女士也戴着帽子。因此，经常遮挡住了后面观众的视线，经常有人向电影院的工作人员抱怨，要求电影院不准女士们戴着帽子看电影。

因为戴帽子是正常的人权，电影院不能明令禁止。为此，很多电影院在入口处贴出告示，劝诫女士们看电影的时候不要戴帽子，以免遮挡后面观众的视线。但是，很少人响应。她们有自己的理由，“习惯了戴帽子”、“要保护自己的头发”，“里面很冷”，等等，就是不摘下帽子。

一家电影院的境况也是如此。因此，有员工不耐烦，向经理建议，别管少数人的人权、习惯，尊重大多数观众花钱看电影的要求，把劝告改成禁止，禁止戴着帽子看电影。

经理思考了一会儿，同意修改告示。不过，内容不是禁止戴帽子，而是允许人戴帽子看电影。众人摇头，不明白经理什么意思。

第二天，根据经理的指示，这家电影院大厅里贴出了一张告示：为了照顾衰老、身患疾病的女士，允许她们戴着帽子看电影，这些女士在放电影的时候不需要摘下帽子。

告示一贴出，情况突变，在这家电影院里再也没有人戴着帽子看电影了。

电影院张贴出劝告女士不要戴着帽子看电影的告示，没有什么效果，很多女士依然戴着帽子看电影；张贴允许一些女士戴着帽子看电影的告示，效果显著，几乎没有女士戴着帽子看电影了。因为，前面的告示没有抓住女士们的心理特点，后面的告示抓住了女士们要的是身份，不愿意被人当成衰老、患病一族。自然，无须劝告，一进电影院女士们就自动地摘下了帽子。

要让对方听到你的话之后积极回应，在内容上就要抓住对方的心，触动对方的心，让对方感觉到你的话与自己有切实的关联，受到感动，引发感慨。不要隔靴搔痒，那样不会引起对方的关注，更无法得到积极响应。

就像一把沉重的铁锁，用钳子、铁锤费了很大劲也打不开。找来铁锁的钥匙，只需轻轻一拧，就能把锁打开。注意抓住对方的心，引起共鸣和响应，直达心灵之桥的彼岸。一位保险业务员的一句“对不起”，一个著名科学家的一个故事，很给力。

①保险业务员的“对不起”

一位保险业务员好不容易见到了目标客户，对方却给了她一枚硬币，说是给她回家的路费。业务员很生气，又不好强迫对方听自己的推销，只好放弃。

就在她扭头要走的一瞬间，她看到客户的办公室里挂着一张小孩的照片。这个业务员站住了，对着小孩的照片深鞠一躬，说道：“对不起，我帮不了你了。”

看到这个小姐对自己孩子的照片鞠躬、说“对不起”，客户大为惊讶，感到莫名其妙，赶忙问道：“小姐，你这是什么意思?”

于是，业务员有了停下来说话的机会。经过真诚、耐心且充满技巧的讲解，客户被打动了，接受了保险业务员的推荐，为孩子买了一份保险。

②科学家的一个故事

1941 年的冬天，第二次世界大战的战火正在熊熊燃烧，美国原子弹之父罗伯特·奥本海默陷入了困境。此时他已经拥有了包括爱因斯坦在内的一流科学家，经过多年的努力，可供实战使用的原子弹的技术问题都已解决，实验室阶段已经结束。但是，要开发并制造出能投入战争中去的原子弹还差得很远很远。他急需百亿美元的巨额经费和至少十万人的投入，这一切，没有总统的支持是不可能的。

然而，当时的美国已陷入战争的泥潭，有多少钱都不够花。而且，他向罗斯福总统提过申请，讲述过原子弹的基本原理和非凡的力量。可是，这位总统在核物理方面的知识为零，奥本海默无法让总统明白，一颗外形与普通炸弹差不多的原子弹怎么能毁灭一座城市，又怎么能一下子杀死几十万人。

罗斯福总统对莫名其妙的原子弹不胜其烦，奥本海默有一种黔驴技穷的感觉。就在几乎是最后一次的机会，奥本海默在与罗斯福总统共进早餐的时候，他给罗斯福讲了下面这么一个故事。

1804年12月，拿破仑加冕为法兰西皇帝，史称拿破仑一世，他缔造了法兰西第一帝国，并以其赫赫战功粉碎了五次反法联盟，成为欧洲大陆的霸主。

不可一世的拿破仑在战场上所向披靡。

可是，这样一位在世界战争史上罕见的天才和悍将，却在海上屡战屡败。法国的海军被英国海军打得丢盔弃甲，惨不忍睹。就在拿破仑在海战中一筹莫展的时候，幸运之神来了。一位工程师求见，他向拿破仑建议，将木质的战舰改成钢制的铁甲舰，将布帆全部砍去，换成蒸汽机涡轮发动机。

这位世界战争史上罕见的天才统帅听后，不以为然地一笑。他想，木板改成钢板，船还能漂在水面上吗？砍了布帆，船靠什么前进？就靠那把大茶壶吗？

拿破仑下令，把这个喋喋不休的疯子赶出去。

拿破仑可能永远都不知道，他犯下的是一个什么样的错误。如果他听了这个喋喋不休的“疯子”的话，历史将因此被改写。他也不会在战败之后，被孤零零地囚禁并困死在一个小岛上。

听完了奥本海默讲的这个小故事，罗斯福总统一声未吭。就在奥本海默完全绝望的时候，总统看着他的公文包说：“我不会下令把你这个喋喋不休的疯子赶出去。把你的报告拿出来吧。”

美国的原子弹试制工作，从此畅通无阻。

人间心语

一把沉重的铁锁，用钳子、铁锤费了很大劲也打不开。找来铁锁的钥匙，只需轻轻一拧，就能把锁打开。要让对方听到你的话之后会积极回应，就要抓住对方的心，不要隔靴搔痒。

注重沟通技巧，讲究工作方法

就像在江河上搭建桥梁需要适当的工具一样，沟通也是一门科学，方法技巧很重要。如果方法不当，缺乏适当的技巧，只有好态度，对方不会逆反抗拒，却也不会积极响应，依然难以取得好效果。

因此，要搭建好心灵之桥，不仅要主动开口，态度要友好、内容要抓心，还要重视沟通的方法技巧，使得自己的话能得到对方的积极响应，而不是一笑了之。更要避免方法不当而使对方厌烦、怨恨，转身离你而去。

找到合适的方法，应用适当的技巧，才能突破沟通失效的困境，赢得良好的沟通效果。道理很朴实，做起来也不复杂。当然，沟通的方法技巧堪称海量信息。仅仅是演讲、谈判之类就有无数本厚厚的专著，而且还在不断涌现新的概念、新的技巧。不过，日常生活、工作中，不需要如此专业。只要在几个方面有心、细心，就能保障和促进沟通的效果、搭建好一座座心灵之桥。

① 先说几句寒暄的话，步步为营。

人的情绪需要调动。要想对方有兴趣听自己说的话，有热情地响应，就要注意调动对方的情绪，先说几句与主题无关的话，激发对方的谈性，努力避免出现“话不投机半句多”的窘境。

可以先来几句看似无关紧要却与大家都有些关联的话，“这些天天气很糟糕”，“交通拥堵真麻烦”，“什么都在疯狂涨价”，“超市的馒头包子都不敢相信了”，“贪官实在可恨”，等等，这些都是适合寒暄的话题。

也可以从对方的一些具体事情、对方关心的事情入手，或是从双方都感兴趣的话题入手，“你的气色不错”，“你的这件外套很新潮”，“你的手机好漂亮”，“听说你打算买一台新笔记本电脑”，“听说你有喜了”，“孩子教育问题真头疼”，“减肥有什么高招”，等等，只要找到合适的话题，能够吸引对方的兴趣就行。

不要以为几句寒暄的话很空洞、浪费时间，这是沟通的艺术，是保障沟通效果的策略。如果对方的情绪有些紧张，对你的主动沟通有点排斥，在切入正题之前的寒暄，可以逐渐消除对方的紧张、排斥情绪，使对方放松对你的戒备，积极地与你沟通。如果对方的情绪不是紧张而是懒散，适当的寒暄则可以使他们的注意力逐渐收拢，并集中到你身上，认真地与你沟通。

② 做好铺垫，打好预防针。

沟通要有好效果，并保护好彼此之间的情谊，就要让对方愿意听。但是，意见、要求之类的一些话没有几个人愿意听，还有一些话容易引起误会，招来反感。不得不说这些话的时候，如果开门见山，张嘴就直奔主题很容易引起对方的戒备、反感、抵触。轻者退避三舍，不答理你；重者全力反击，拼死抵抗你。不管对方的反应是轻还是重，沟通的效果都很差，缘分还会受伤。

此时，要注意做好铺垫，打好预防针，尽量防范引发误会、反感之类的情绪，保护好彼此之间的缘分。

做好铺垫，打好预防针。主要是在直奔主题前说几句话。

可以先说几句预警的话。“有件事我想了很久，觉得应该告诉你。”“我知道这句话不好听，可是还是要说出来。”“我知道不该打搅你，但是不得不劳驾你。”“向你开口提这件事，我觉得很为难。”

也可以先询问对方，最常见的就是，“我有一句话，不知当讲不当讲?”

这些话说出来了，事先询问了，对方就会感受到你的尊重，对将要听到的事情有心理准备，能够以较为平和的心态去倾听你的话，不会被你要说的话吓倒，不会带着厚重的“盔甲”来抵触你。自然，沟通的效果会好很多。

③ 多层“夹心饼”。

无论是提出批评意见，还是发生争论，要让对方心服口服，至少会理解你的良苦用心，不会因此拉开距离，将结缘变成结怨，这些都是挑战，在沟通的过程中需要多用心。要在说出逆耳忠言的过程中适当插入几句悦耳的良言，或是几句有分量的话。

你可以在提出意见、要求之前，先说几句感谢、赞扬对方的话，使对方的心情调整到轻松愉快的状态，随后再提出自己的意见、要求和期望。最后，还以带有感谢、赞扬意义的话来结束。这样，就营造出了良好的沟通氛围，对方感受到你对他的尊重和诚意，不容易产生强烈的逆反抵触，更容易听进你的意见，也会更重视你的要求。

发生争论的时候，在提出自己的观点、反驳对方意见时，可以先来一句“也许你是对的。不过，能不能也听听我的看法?”“你的话当然有一些道理，不过，也不是完全正确。对吧?”这样可以缓和对抗的气氛，使对方的心态更平和一些。

还有几句话，是很好的沟通润滑剂。

“虽然我们的意见不同，但是，我们不是敌人，不应该为这点事伤了我们的情分。”

“我不太同意你的观点，但是，我尊重你表达意见的权利，愿意认真听你的意见，和你一起好好探讨。”

“你请我帮助，那是看得起我，拿我当自己人，我真的很乐意帮你。但是，这件事，我实在无能为力。”

事实上，每个人都不会一无是处，肯定有一些值得你赞美的优点，有值得你感谢的地方。他们的观点、看法，也会有一些道理、一些价值。因此，“夹心饼”的方式，经常会用得上。

为赢得对方的积极响应，值得学习应用的方法技巧还有很多。例如，可以通过讲故事提高吸引力，可以借助形象的比喻让对方更容易理解，等等。而且，每种方法技巧不是独立的，在一次沟通的过程中可以应用多种方法技巧。

同时，还要注意沟通的场合、时机。提意见、要求之类的话尽量私下里说，不要当着其他人的面说，以免使对方感到难堪、别扭。解决问题、化解矛盾的话要在对方情绪正常、心情愉快的时候说，不要在对方情绪低落、心情郁闷的时候说。

在重视方法技巧，赢得沟通的好效果方面，我国现代卓有成就的教育思想家和实干家陶行知先生批评学生的两个事例，给我们做出了很好的表率。

①用四块糖来批评

陶行知先生在育才学校当校长的时候，有一天看到一位男生用砖头砸同学，便将其制止住并叫他到校长办公室去。当陶校长回到办公室时，男孩已经等在那里了。

陶行知掏出一颗糖给这位同学："这是奖励你的，因为你比我先到办公室。"接着他又掏出一颗糖，说，"这也是给你的，我不让你打同学，你立即住手了，说明你尊重我。"

男孩将信将疑地接过第二颗糖，陶先生又说道："据我了解，你打同学是因为他欺负女生，说明你很有正义感，我再奖励你一颗糖。"

这时，男孩感动得哭了，说："校长，我错了，同学再不对，我也不能采取这种方式。"

陶先生于是又掏出一颗糖："你已认错了，我再奖励你一块。我的糖发完了，我们的谈话也结束了。"

②用探讨方式让学生心服口服

育才学校音乐组的壁报《小喇叭》又一期出刊了。壁报前人头攒动，越涌越多。同学们边看报边议论，外围的人向里挤，里面的人不愿让，有人建议："读一下，读一下吧！"只听得一个油腔滑调的声音开始朗诵了："人生在世有几何？何必苦苦学几何。学习几何苦恼多，不如学习咪唻哆！"歪诗不胫而走，传遍了全校，引起了争论，多种评价，褒贬不一，数学课的秩序大乱。

陶行知知道了此事，也观看了小诗。次日，陶行知邀请小作者——一个很有音乐天赋同时对数学深感头疼的学生，一起促膝谈心，和他研究人生与数学的密切关系。从吃饭、穿衣谈到音阶频率的振动，直到国家大事，哪一件都少不了数学，离不开数学。因此，人人都要学数学，数学对人们就像空气、水分、阳光、营养品对人一样重要。小作者听到陶校长的谆谆诱导，明白了，说道：“校长，我的诗写错了！”

陶行知爽声大笑说：“从文学角度看，你的诗韵押得好，很有水平呢！”

学生不好意思地笑了。陶行知亲切地对他说：“刚才这些问题都与数学有关系，人生无处不数学，离开数学寸步难行啊！数学有严谨的逻辑，丰富的想象，能培养人具有科学的头脑、敏捷正确的判断力和对事物一丝不苟的精神。”

学生连连点头：“校长，我这下真的明白了你为什么要我们把学好语文、数学、外语、科学方法论这四门功课作为开启文化宝库的‘四把钥匙’的道理了。我检讨。”

陶校长马上接过话头说：“现在我们是民主讨论，不是批评会，你能认识问题，提高思想，就是进步。”学生点头说：“我们音乐组不少同学都有这种思想，我回去说服他们！”

陶校长眯着双眼放心地说了一句：“好啦！我们今天的民主探讨到此结束。”

豁然开朗的学生回到宿舍后，又写了一首诗：“人生在世有几何，定要苦苦学几何，学习几何好处多，更加咪嗦啦西哆！”

记住，搭建心灵之桥，目的是给情谊保暖加温，拉着身边的人配合自己演绎人生喜剧，不是给彼此之间的情谊泼凉水，更不要将结缘变成结怨，不要将身边的人变成自己的“墙”。还要明白，结果来源于过程，需要重视沟通过程中的方法和技巧，不要以“直率”、“简单”、“心直口快”为借口，随意开口说话。否则，不会有好效果，还可能适得其反，伤害彼此之间的情谊，破坏已有的和谐，将自己的“路”变成“墙”。

人间心语

结果来源于过程。搭建心灵之桥目的是给情谊保温加温，不要以“自然”、“简单”、“真实”为借口随意开口，避免方法不当让对方一笑了之，甚至将结缘变成结怨。

倾听不只是沉默，需要用心

沟通是双向的，有人说就要有人听。不管是你主动开口，还是别人先主动开口，当对方在说话的时候，要认真倾听。

倾听很重要，与主动开口没有本质上的差别。迈出第一步，主动搭建心灵之间的桥梁很重要；积极回应，认真走好后面的九百九十九步，同样重要。这九百九十九步中，很大一部分就是倾听，在倾听的基础上回应。

因为倾听的价值巨大，有很多人物事例和寓言故事都对其进行描述和印证。最经典的莫过于“三个小金人”的寓言故事。

远古的一天，一个小国派了一个使者到一个大国来朝拜大国君王，并进献了一份奇特的礼物——三个一模一样的金人。

三个小金人都是做工精致的精品，摆放在案台上金碧辉煌，大国君王很喜欢、很高兴。可是，这个小国使者心怀叵测，献礼的同时出了一道题目：要国王或臣子们拿出实际来证明，说出这三个金人哪个最有价值。

国王想了许多的办法，请来珠宝匠检查，称重量，看做工，都是一模一样的。怎么办？使者说了，肯定是有差别的，而且有大家都无可挑剔的确凿证据来证明，自己会在驿馆等着答复。

泱泱大国，不能连这个小国使者的问题都答不出来吧？最后，有一位退位在家养老的老臣听到这个消息后，晋见国王，告诉国王自己有办法。

于是，国王将小国使者请到大殿，年迈的老臣胸有成竹地拿出三根稻草，挨个插入三个金人的一只耳朵里。第一个金人，插入的稻草从另一边耳朵出来了；第二个金人，插入的稻草从嘴巴里掉了出来；第三个金人，插入的稻草掉进了肚子里，没有出来。

老臣指着第三个金人，笑着说：“这个最有价值。”

小国使者面色煞白，只好点头称是，因为答案正确。

因为，第一个金人是左耳朵进右耳朵出，第二个金人把听到的话又随意说出口了，只有第三个金人会倾听，把听到的都记在心里。所以，第三个金人最有价值。

就是这么一个经典的寓言故事以一种独特的方式告诉世人，倾听价值非凡，在人群里面生活，要学会倾听。

也许这个寓言故事离我们的现实生活很遥远，但是，细心观察一下自己身边就会发现，很多人之所以人缘好、朋友多，就是因为善于倾听。同时，一些人很聪明，口才也不错，却没有什么朋友，也不能给人留下好印象，原因就是只喜欢说不喜欢听。别人讲话的时候，经常是心不在焉，或者强行插话打断对方，让对方伤心郁闷。

事实上，倾听不只是竖起耳朵听对方的话、接收对方传递的信息，倾听表现出的是“在意”，是对说话人的尊重、重视、友好。作为感性动物的普通人，都有表达心声、展示才华的欲望，都渴望得到别人的关注、尊重、重视，哪怕是自己的“小芝麻”，也希望别人像自己一样看成“大西瓜”，能够对自己的想法、愿望感兴趣，能够关心自己的困难、麻烦，能够听一听自己的牢骚、抱怨，能够注意到自己高明、精辟的见解。

只有学会倾听、善于倾听，别人才会喜欢你、信任你，愿意接近你，才会把你当成可以倾诉心声的知心朋友。也只有学会倾听、善于倾听，别人才会将心比心地回报你，化干戈为玉帛，倾听你说的话，重视你的想法、意见，而不是冷漠地拒绝你。

如果说主动开口是搭建心灵之间的桥梁，那么，倾听就是给这个心灵之桥支上几个“桥墩”，再铺上一条平坦而厚实的“红地毯”，使得心灵之桥不会中途断裂，心灵之间的沟通顺畅。要使得自己与别人的心灵之间没有什么障碍，就要重视别人开口说出的话，认真倾听，不要漠视，更不要抵触。

因此，当身边有人主动搭建你们之间的心灵之桥时，要积极配合，给心灵之桥支上“桥墩”、铺上“红地毯”。为此，你不仅要竖起耳朵，还要做掏出四颗“心”，做一个“四心级”的沟通者。

① 虚心

法国著名作家雨果说过：“世界上最宽阔的是海洋，比海洋更宽阔的是天空，比天空更宽阔的是人的胸怀。”以“海纳百川”的心态去倾听他人的心声，才能体现出对他人的尊重、重视、友好，并得到同样的回报。

无论别人对你说话的时候是开心还是郁闷，是提意见还是发牢骚，是简单诉说还是乞求帮助，都要虚心面对，认真倾听。在对方说话的时候，不要表现一副高高在上的冷面孔和凶狠的表情，不要抓住对方的一点弱点错误就冷嘲热讽。

不论听到什么，都要“洗耳恭听”。这样，别人才能感受到你对他们的尊重、重视、关心，才会把你当成值得尊重和信任的人，对你“知无不言，言无不尽。”

② 诚心

带着诚意用心听，才是倾听。尤其是当对方说的话很刺耳让自己很别扭时，依然要诚心诚意地听。要换位思考去理解，同时加以鼓励，让对方把想说的话痛痛快快地说出来，这才是高质量的倾听，才能赢得对方的心。如果心意不真诚，表面上在听，却心不在焉，东张西望，一边听一边做别的事，那是在敷衍。这样的状态骗不了人，对方很快就能感受到，只会离你更远，更加怨恨你，不会信任你。

诚心诚意地倾听，要真诚地看着对方的眼睛，不要随意游离，也不要一副懒懒散散的老爷相。时不时地点点头，说几句“我明白”、“我理解”之类的话呼应对方，不要一直沉默不语。适当的时候说一句“谢谢你提醒我”、“你说的很有道理”、“很好”、“请接着讲”、“很有意思”，还可以提出几个问题，这都是诚心诚意的真实体现。

③ 耐心

听别人说话，经常是被动的事，这就要求有耐心，这是沟通进行下去的基础。而且，多数情况下，沟通不是几句话就结束了。有的人是积压了很久才鼓起勇气说出自己的心声，有愿望有意见，有委屈有抱怨，一旦开口，就像大开闸门的水库，汹涌澎湃，没完没了。此时，一定要提醒自己，不管说话的人多么啰唆，都要耐心地听下去。

耐心地听下去，不要急躁地阻止对方说话，不要经常打断对方的话，更不要置之不理、一走了之。即使自己很忙、对方很啰唆，说的都是一些无关紧要的事，也要好言相劝，不要恶语伤人。

④ 细心

三个小金人的故事告诉我们，倾听不能是左耳朵进右耳朵出，要把听到的话记在心里。因此，需要细心。只有细心地听，全神贯注地听，才能听清楚对方说什么。何况，一些人说话的时候往往有一些话想说而没有说出口，在隐隐约约的话语中，隐藏真实的想法、心愿。还有人喜欢用反话、气话、怪话来表达自己的意见、想法。不细心倾听、分析，能行吗？

细心，不仅是态度上聚精会神，还要落实到行动上。拿出纸笔，将对方说的要点记下来。觉得重要的东西，自己重复一下，请对方验证一下自己理解得是否正确，避免误解和遗漏。

在人群里面生活，必须认真倾听别人的心声，虚心、诚心、耐心、细心，一个都不能少！

人间心语

面对别人的心声，要以“海纳百川”的心态去听，诚心诚意地听，耐心地听，细心地听，才能体现出对他人的尊重、重视、友好，并得到同样的回报。

本章小语

“沉默是金”，很多人都记得这句话。

这话没错，在一些特定的情景下，保持沉默是高招，胜过口吐黄金。但是，在日常生活和工作中，在形形色色的人群里，与各种各样的人在一起，更需要积极的沟通、开放的交流、坦诚的沟通，需要搭建好一座座心灵之间的桥梁。否则，“人心隔肚皮”的天然障碍，将使得你的心声无法传递，你需要的理解、体谅、关爱、照顾、帮助便无法得到。

主动开口，搭建心灵之桥，不要恐惧，不要羞怯，不要吝啬地把想说的话闷在肚子里，不要被动地等待别人迈出第一步。还要好好说，有技巧地说，让沟通取得很好的效果。同时，当身边有人主动搭建你们之间的心灵之桥时，认真响应，积极配合，倾听他们的心声，为心灵之桥铺上平坦的“红地毯”。

没有顺畅的沟通就不会有人生舞台上的欢笑，在人群里面生活永远不能忘了及时搭建好一座座心灵之桥。

第八章　搭好心灵之间的桥梁

人心隔肚皮，没有顺畅的沟通就不会有人生舞台上的欢笑。

人类是群居动物，每个人都不是独自一人在地球村的某个角落生活，而是在人群里面与一些人一起生活、共事，互相了解、互相协作、互相配合，这一切都需要彼此之间的信息传递，包括各种事实、情感、愿望、意见，等等。

在人群里面生活，信息传递和交换不可或缺，只是或多或少。

然而，我们每个人都是独立的个体，自己看到的、听到的、想到的，还有心灵深处波动的情绪情感，只存在自己的脑海里、心田里，就像流传千载的俗语所言，人心隔肚皮。因此，要在人间与各种各样的人在一起相处共事，就需要开口沟通。不能指望别人一眼看透你的心思，不能指望别人像你自己那样了解你的愿望、想法。

及时有效的沟通能使自己与其他人和谐相处，使人心情愉悦，使事情进展顺利，使得人间的大舞台上多演喜剧。缺乏及时的沟通、有效的沟通，则很容易产生误会、积累误会，导致矛盾，严重的还会引发冲突，彼此之间造成伤害，在人间的大舞台上演绎一幕幕悲剧。

请看，无论是国家领导人之间的会面，国际组织的会议，还是企业机构的会议，平常人之间的会谈，无一不是沟通在起作用。毫不夸张地说，人类社会就是通过各种沟通形成的，也是通过各种沟通来维持和发展的。正是因为沟通的价值非凡，才有“沟通是心灵之间的桥梁”之说。

人生舞台上的大戏是悲还是喜，具体的表现就是与身边人说话时，是冷冰冰还是笑嘻嘻，是恶狠狠还是充满温情。要在人群里面快乐地生活，必须学会沟通，及时沟通，好好沟通，搭建好一座座心灵之桥。

搭建心灵之桥

沟通是人与人之间的思想、情感、信息的传递和反馈过程。没有沟通，人们的心声就无法传递。人们需要的理解、体谅、关爱、照顾、帮助、协作、配合、服务就很难得到。即使是相亲相爱的伴侣，也需要及时地沟通。

搭建心灵之桥就是这么重要，在人群里面生活，不可或缺。前面提到的“主动说明，防患于未然”只是一个小小的缩影。人与人交往的方方面面都离不开沟通。例如，向别人提出自己的愿望；表达对别人的理解；向亲友传递自己的牵挂；寻找契机化敌为友；先小人后君子；用温情延续情缘；向别人求助；向别人表达感谢……

而缺乏必要的沟通会导致互相伤害，通过必要的沟通则可以挽救危机。

沟通的丰厚价值，几个小故事可见一斑。

①恩爱夫妻的伤心后悔

海边的一个渔村有一对夫妇，他们很恩爱。

因为靠打渔为生，他们几乎顿顿吃鱼，既当饭又当菜。妻子每天做饭的时候，将鱼或者红烧、或者清蒸，做得很美味，然后端给丈夫吃，自己则吃鱼头、鱼尾。

几十年过去了，儿女都长大成人了，夫妇俩没有为吃饭争吵过。一天晚饭时，老公对着眼前的一大碗鱼肉，叹了一口气，说道：“这一辈子我也没跟你提过什么，再不提就晚了。”顿了一会儿说，“你什么时候给我做顿红烧鱼头啊？我从小就喜欢吃鱼头，自从娶了你以后，就再没吃过鱼头，真想吃呀！”

老婆一听，眼泪就下来了，她说："我从小就爱吃鱼肉，还被鱼头上的骨头刺伤过，不喜欢鱼头鱼尾，怕鱼头上的骨头，一直以为鱼肉就是最好吃的东西。所以，每天都把鱼肉给你吃、给孩子吃，我自己吃鱼头、鱼尾。真没想到，原来你喜欢吃鱼头。"

老公一听，也流泪了。既为老婆的爱感动，也后悔没有早点告诉老婆自己喜欢吃鱼头，而不是鱼身上的肉。

此后，误会消除了，老两口恩爱如故，每顿饭也吃得更开心了。

②几句心里话挽救了婚姻危机

小李和小吴结婚了，朋友们都很羡慕小李，因为他追到的妻子小吴不仅漂亮，而且很能干，工作、收入等各方面也比小李更好。当初为了追求小吴，小李费了很大劲，终于抱得美人归，很开心。

可是，结婚后，小吴和结婚前一样对小李总是不冷不热。结婚两年多了，随着原本不多的浪漫情怀渐渐消磨殆尽，只剩下平淡如水的日子，面对已经很熟悉的冷美人，小李觉得生活没意思，经常郁闷。

此时，小李的公司里来了一个新员工——女孩小丹。因为笑起来很灿烂，吸引了小李的目光，小李渐渐牵挂上了小丹。尽管没有什么出格的行动，与小丹只是友好的同事关系，小李变得很喜欢上班、加班，还很注意自己的衣着，频频更换衬衫和领带，像追求小吴的热恋时期。当然，一个人的时候他会遐想，假如自己没有结婚，一定会追求这个笑起来很灿烂的女孩。

不久，小吴过生日。或许是因为心虚，也为了让自己心理得到平衡，小李一下班就回家，做了几道精致的菜，在路上还买好了葡萄酒、玫瑰花、生日蛋糕。

小吴回家后，看到餐桌上的美味佳肴、生日蛋糕，一如既往地很平淡，没有热烈的反应。小李很失望。但是，小吴端起酒杯后，表情突然变了，很凝重。喝了几口酒之后，突然哭了，问小李是不是心里有别人了？

小李有点惊慌，小吴没有吵闹，她一边哭泣一边说："这段时间我心里特别害怕，我怕你和我离婚！你不知道，其实我特别离不开你，你一直

对我特别好，我心里都明白，也觉得特别知足，可我不知道该怎样去表达。我就想尽快生个小孩，一家三口好好过自己的小日子。”

小吴还说，“这段时间，你特别不对劲。你别不承认，你开始打扮自己了，就跟我们结婚前一样。我心里特别害怕，你要是跟我离婚，我可怎么办啊！”

尽管有点语无伦次，小吴的心里话却让小李很吃惊。他几乎无法相信这番话出自自己妻子之口，这个一直像个女王一样对自己不冷不热的女人，竟然这么依赖自己，这么害怕自己离开。看着妻子的眼泪，他明白了，妻子不是高高在上，而是离不开自己。

为此，小李的心里有一种很踏实、很满足的感觉。他抱着妻子说：“你这个神经病，没事尽瞎寻思，我要是跟你离婚，谁跟我过呀？谁给我生小孩啊？”

此后，小吴的笑脸多了，小李的爱也回归了，二人世界很快迈向三口之家了。

③主动开口修复同事关系

小赵、小魏是同事，在一个部门里面工作。因为工作上的想法不同，两个人经常争论。渐渐地，彼此很冷漠，关系很紧张，在办公室里经常为一些小事争斗、争吵，几乎成了“死对头”。不仅两个人经常郁闷，办公室的气氛也受到影响。

一天，办公室里的同事都出去了，只剩下他们两个人。小赵突然一反常态，走到小魏身边，开口说道：“小魏，我想和你做朋友，不想和你做敌人。”

小魏听到这么一句话，愣了一会儿，伸出手说了句：“哥们儿！”

两个人笑嘻嘻地握了握手，随后，各自向对方道歉，做了一些自我批评，也提了一点意见。同时，两个人都保证，以后工作上有不同意见时，只谈自己的看法，请上司决定就行。两个人不争论，更不要大声争吵。

自此，积压在两个人心里的一片阴云飘逝得无影无踪。两个人的关系发生180度的转变，成了无话不谈的好友。而且，因为沟通多，工作上的

矛盾也少了很多，两个人的协作配合好多了。

④给公主一颗月亮

小公主病了，治疗了一段时间也不见起色。国王很焦虑，握住爱女的小手，要她好好养病，尽快好起来。小公主娇憨地告诉国王："如果我有一颗月亮，病就会好。"

国王回宫后，立刻召集全国的聪明智士，要他们想办法给小公主摘一颗月亮。

总理大臣说："它远在三万五千里外，比公主的房间还大，而且是由熔化的铜所做成的。"

魔法师说："它有十五万里远，是用绿奶酪做的，而且整整是皇宫的两倍大。"

数学家说："月亮远在三万里外，又圆又平像个钱币，有半个王国大，还被粘在天上，不可能有人能拿下它。"

国王又烦又气，独自苦思冥想了一番，依然不知所措。服侍国王多年的老家奴了解到国王的困境后，脑海里闪出一个感觉：如果这些有学问的人说得都对，那么月亮的大小一定和每个人想的一样大、一样远。所以，当务之急便是要弄清楚小公主心目中的月亮到底有多大、多远。

得到国王的同意后，老家奴到公主房里探望公主，并顺口问公主："月亮有多大？"

"大概比我拇指的指甲小一点吧！因为我只要把拇指的指甲对着月亮就可以把它遮住了。"公主说。

"那么有多远呢？"老家奴问。

"不会比窗外的那棵大树高！因为有时候它会卡在树梢间。"公主说。

"用什么做的呢？"老家奴又问。

"当然是金子！"公主斩钉截铁地回答。

比拇指指甲还要小，比树还要矮，用金子做的，这就是公主要的月亮！老家奴把了解到的东西告诉国王，国王立刻叫金匠打造了这么一个小月亮，穿上金链子，送给公主当项链。公主非常高兴，很快，病就好了。

类似的事例举不胜举。不过，这几个事例已足以见证，沟通的价值十分丰厚，人与人之间离不开沟通。无论是相伴一生的亲人、共事一个阶段的同事、相处一屋的邻居，还有偶尔相遇的陌路人，只要是在同一个小江湖里面相遇相交，就要及时搭建好彼此之间的心灵之桥。这样才能给情谊保暖加温。否则，会因为缺乏沟通而产生误解、彼此伤害，给情谊降温，甚至彻底摧毁一份情谊。

人离不开沟通。没有沟通就没有人类社会，就不会有家庭、企业、学校等社会团体，不会有和谐快乐的人间。不管你面对的是什么人，不管你的身份、地位是高还是低，沟通不可少。即使是有很好的感情基础、相亲相爱的夫妻，共事多年、非常熟悉的同事，也需要经常地沟通、深入地沟通。

“不怕千里远，只怕隔层板。”不要指望自己的心声能够水到渠成地流到别人的心海里，不要以为自己的行动可以替代沟通。毕竟人心隔肚皮，不说出来，别人无法了解你的真实心声。同时，也不要因为自己可以独立养活自己就不在意沟通，除非你愿意在熙熙攘攘的人群中做一个心灵上的孤家寡人。

人间心语

人心隔肚皮！只要是在同一个小江湖里面相遇相交，就需要及时搭建好彼此之间的心灵之桥。这样才能给情谊保暖加温，保护好彼此之间的情谊。

迈出第一步，主动开口

在人群里面生活，搭建心灵之桥很重要。在与自己身边的人之间搭建一座座心灵之桥，需要主动开口，将想说的话及时地说出来。

主动开口，很重要，而且一点都不复杂。但是，有意无意之间因为这样那样的原因，很多人没有及时主动地说出自己想说的话。毫不夸张地说，许许多多应该搭建并且很容易搭建的心灵之桥没有及时搭建起来，原因就在于此，没有人主动开口。

就像有人所言，“如果我们之间有一千步的距离，只要跨出第一步，我就会朝你的方向走其余的九百九十九步。”很多人总是被动地等待，总是期待别人迈出第一步，然后配合，却不会主动迈出第一步。

几个人在一起，需要沟通，却总是没有人主动开口，弄得大家都不开心。这样的事例很多。

例如，前面那对老了以后很伤心、很后悔的恩爱夫妻，就是因为两个人都没有主动开口说出自己喜欢吃什么，因此，几十年了，吃的都是自己不喜欢、对方很喜欢的东西。两个人因此很苦闷，明白之后很后悔。

合租一套两居室的一男一女，开始时关系很冷。在客厅、厨房等公共场所遇到了，女孩也不答理对方，总是冷冷地保持距离，还经常指责男人这里弄脏了、那里没有及时清理。男人觉得这个女孩实在是小心眼儿，不懂礼貌，目中无人，鸡毛蒜皮的小事也斤斤计较。

其实，这个女孩不是粗鲁无礼，也不是小心眼儿，算账的时候不像一些女孩那样斤斤计较。只是心灵受过伤，担心男人偷窥、占自己的便宜，因此处处设防。这个男人对与一个女孩合租也没有什么幻想，只想与对方做一个友好的邻居，希望能够及时协商合租屋的费用等事情，不想接近对方。

但是，因为两个人都没有主动开口说出自己的心声，在合租期间，总是互相猜疑、互相抱怨，在自己的小窝里待着都觉得别扭，不开心。

还有，同住一个宿舍上下铺的两个女大学生因为性格喜好很不同，加上一点小小的摩擦，两个人的关系一直很冷淡，时不时还会吵几句。其实，两个人私下里都与别的同学说过，不想这么别别扭扭。但是，谁都没有主动开口。直到毕业前夕，一个人主动开口说出自己的心声，向对方道歉，两个同学才冰释前嫌，一起开怀大笑。